AF499690

N UVELLES IMPRESSIONS DE VOYAGE

PARIS.
chez l'Editeur, Quai des Augustins, 39

6

IMPRESSIONS

DE VOYAGE

MONTFAUCON,

SON GIBET, SA VOIRIE, SON ÉCORCHERIE.

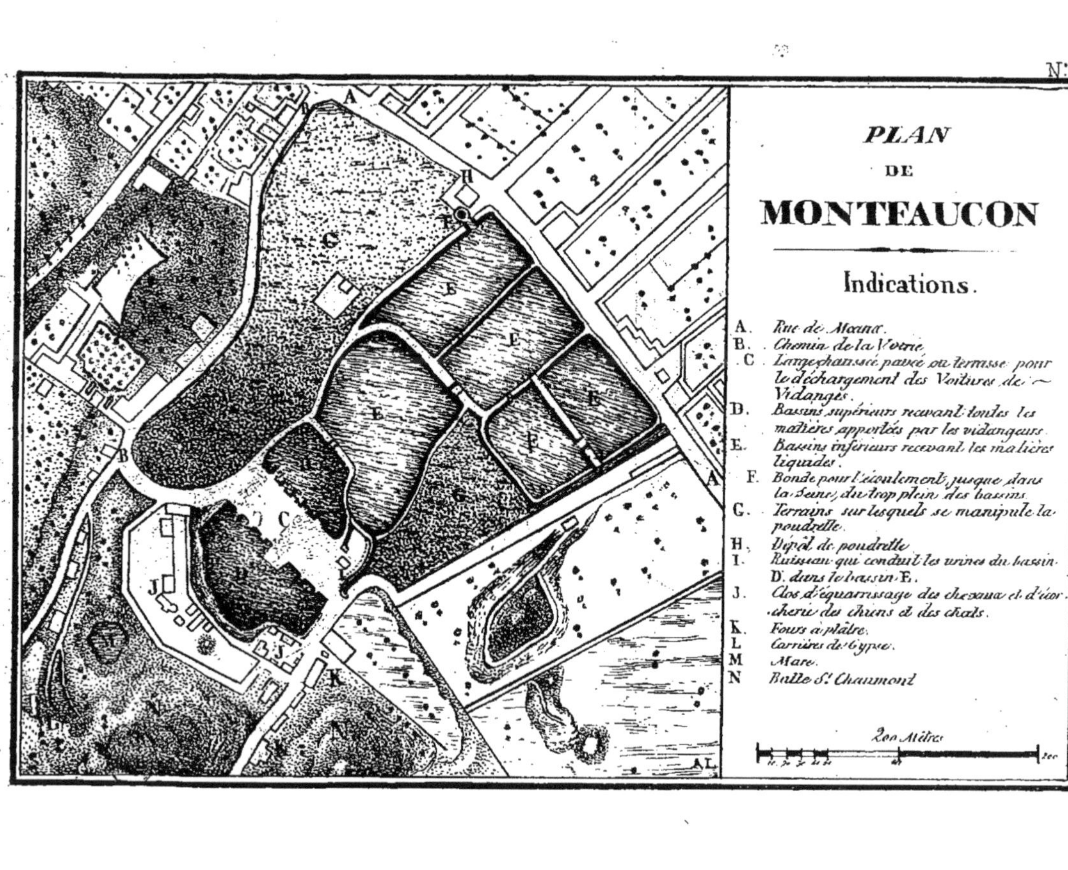
N°
PLAN
DE
MONTFAUCON
Indications.
A. Rue de Meaux.
B. Chemin de la Voirie.
C. Large chaussée pavée ou terrasse pour le déchargement des Voitures de Vidanges.
D. Bassins supérieurs recevant toutes les matières apportées par les vidangeurs.
E. Bassins inférieurs recevant les matières liquides.
F. Bonde pour l'écoulement, jusque dans la Seine, du trop plein des bassins.
G. Terrains sur lesquels se manipule la poudrette.
H. Dépôt de poudrette
I. Ruisseau qui conduit les urines du bassin D. dans le bassin E.
J. Clos d'équarrissage des chevaux et d'écorcherie des chiens et des chats.
K. Fours à plâtre.
L Carrières de Gypse.
M Mare.
N Butte S.t Chaumont
200 Mètres

MONTFAUCON
GIBET
VOIRIE, ECORCHERI
1300-1839.
AL

IMPRESSIONS DE VOYAGE

MONTFAUCON,

SON GIBET, SA VOIRIE, SON ÉCORCHERIE; DESCRIPTION TOPOGRAPHIQUE, HISTORIQUE ET INDUSTRIELLE,

PAR

M. PERROT.

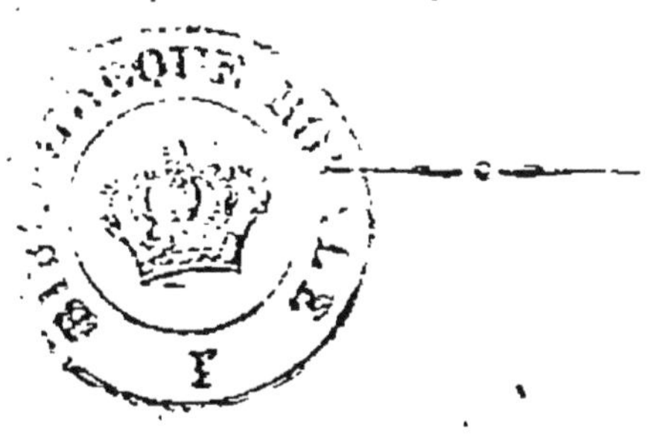

PARIS.

Chez l'ÉDITEUR, quai des Augustins, 39.

1840.

PARIS. — IMPRIMERIE DE A. APPERT,
Passage du Caire, N° 54.

PRÉFACE.

Les géants neigeux qui couronnent l'Helvétie, les sites pittoresques, les grandes ruines et le ciel délicieux de l'Italie, ont inspiré presque tous les écrivains voyageurs. Privé, que je suis, de la vue des merveilles de la nature et des arts, des paysages gracieux et enchanteurs, si souvent décrits avec plus ou moins de vérité et de talent, je choisis un sujet beaucoup moins poétique, mais plus neuf, et je me borne humblement à parcourir et à observer une petite contrée située aux portes de la capitale, qu'on ne pouvait approcher autrefois sans épouvante et qu'on ne peut aborder aujourd'hui sans dégoût; contrée aux souvenirs funestes et lugubres, à l'aspect hideux, à l'abord infecte et repoussant, et qui bientôt, cependant, sera sans doute couverte de jardins fertiles, d'habitations agréables et de joyeuses guinguettes ; Montfaucon enfin , dont le célèbre gibet a été pour nos pères un sujet d'effroi , et dont la voierie éloigne maintenant les nombreux promeneurs parisiens.

Ce coin de terre réprouvée, très peu connu, offre néanmoins, sous les rapports historiques et sous ceux de plusieurs industries spéciales, un genre d'intérêt particulier, qu'il est possible d'apprécier dans un livre et sur des plans, mais qu'on ne peut aller chercher sur les lieux sans une sorte de courage.

LE GIBET.

GIBET DE MONTFAUCON.

LE GIBET.

Au milieu d'un grand et stérile terrain, s'étendant entre le faubourg Saint-Laurent, aujourd'hui Saint-Martin, et celui du Temple, et sur un monticule situé à gauche de l'ancien chemin de Pantin, à environ 400 mètres de la limite nord-est du vieux Paris, et près de l'endroit où se trouve à présent la barrière du Combat, se bâtissait, il y a cinq cent cinquante ans, et par les ordres d'Enguerrand de Marigny, ministre de Philippe-le-Bel, les terribles fourches patibulaires de Montfaucon.

Sur une plate-forme de maçonnerie de 14 mètres environ de longueur, de 10 mètres de largeur et de 6 mètres de hauteur, se dressaient seize piliers de pierres de taille de près de 15 mètres d'élévation, liés entre eux à leur milieu et à leur sommet par de grosses pièces de charpente desquelles pendaient des chaînes de fer; à ces chaînes étaient attachés les corps des criminels, et trop souvent, aussi, ceux des innocents.

Le dessous de ce lugubre édifice était occupé par un vaste souterrain où l'on jetait les cadavres décrochés pour faire place aux nouveaux suppliciés, les lambeaux humains tombés du gibet, et encore les corps des criminels exécutés dans la ville.

Une large rampe conduisait sur la plate-forme, dont l'approche était défendue par une enceinte solide et par une forte porte, afin que les parents ou les amis des pendus ne fussent pas tentés de les enlever pour leur donner la sépulture, ou bien que les sorciers, communs, comme chacun le sait, à cette époque, ne fissent pas servir les cadavres à leurs combinaisons diaboliques, ce qui arrivait cependant quelquefois et fut le motif de plusieurs ordonnances sévères de la police d'alors.

En 1407, un moine, à l'instigation du duc d'Orléans, reçut de ce prince une dague, une épée et un anneau, pour les dédier et exercer au nom des diables, fit plusieurs invocations entre Pâques et l'Ascension; il se dépouilla nu en chemise, traça un cercle, se mit à genoux, ficha l'épée et la dague la pointe en terre, et posa l'anneau auprès; puis il dit plusieurs oraisons, invoquant les diables, et bientôt vit venir à lui deux démons sous forme d'hommes, vêtus de beau vert, à ce qu'il semblait. L'un s'appelait *Hermus* et l'autre *Astramon*. Lors, il leur fit grand honneur et révérence, aussi grand qu'on pourrait le faire à Dieu notre Sauveur. Cela fait, il se cacha derrière un

buisson. Le diable était venu pour prendre l'anneau, le prit, l'emporta et s'évanouit. L'autre resta, ensuite prit l'épée et la dague, et s'évanouit comme avait fait le premier. Tantôt après, le moine revint où les diables avaient été, et trouva l'épée et la dague couchées à plat. L'épée avait la poignée rompue, et la pointe était dans une poudre où le diable l'avait mise. Après avoir attendu une demi-heure, l'autre diable revint, rapporta l'anneau et le lui donna. Il paraissait maintenant rouge comme écarlate : « C'est fait, lui dit-il, mais tu les met-
« tras en la bouche d'un homme mort,
« en la manière que tu sais. » Et il s'évanouit. Le moine s'en alla ensuite dépendre un malfaiteur à Montfaucon, lui mit l'anneau en la bouche et lui fendit le

ventre avec l'épée et le poignard ; il lui arracha l'os de l'épaule, et traça dessus avec son sang des caractères diaboliques. Le tout fut ensuite remis au duc d'Orléans, lequel porta cet os de pendu entre sa peau et sa chemise, jusqu'à ce qu'un seigneur, parent du roi, s'en aperçut et le déroba : ce qui fut cause qu'on le chassa de la cour et qu'il fut fort persécuté. Par la vertu de l'anneau qui avait été charmé au nom de la fausse déesse Vénus, le duc savait fasciner et faire condescendre toutes les femmes à ses désirs ; il n'avait pas scrupule que ce fût même pendant la semaine sainte (*a*).

De plus d'une lieue à la ronde on dé-

(a) Extrait de la justification de Jean-sans-Peur, duc de Bourgogne, de l'assassinat du duc d'Orléans.

couvrait cette sinistre colonnade, ce temple de la mort, qui, isolé et dominant une partie de la ville et des campagnes environnantes, était « *le plus ancien et le plus superbe gibet du royaume.* »

Les condamnés étaient conduits à pied à Montfaucon; on leur faisait faire une pose au couvent des Filles-Dieu (1), sur l'emplacement occupé aujourd'hui par le passage du Caire, rue Saint-Denis; ils baisaient un crucifix placé à la face extérieure du chevet de l'église. Là, on leur donnait de l'eau bénite, et les religieuses leur apportaient trois morceaux de pain béni et un verre de vin, ce qui s'appelait *le dernier morceau du patient.* S'ils mangeaient avec un certain appétit, c'était un bon augure pour le salut de leur âme; puis le cortége reprenait sa marche lugubre vers le lieu de l'exécution.

En 1336, Philippe-de-Mézières, précepteur de Charles VI, sollicita pour les condamnés les secours de la religion, mais ce fut Pierre de Craon (2), assassin du connétable de Clisson, qui obtint pour eux cette faveur; et les Cordeliers furent chargés, moyennant bien entendu un honnête salaire, de les confesser au pied d'une croix que Craon fit élever à peu de distance du gibet.

Le nombre des malheureux attachés aux fourches patibulaires est immense; souvent soixante cadavres corrompus, décharnés, déchirés par les corbeaux ou desséchés par les rayons du soleil, étaient à la fois balancés par le vent, et le bruit de leurs os s'entrechoquant se mêlait à celui des chaines et des instruments de musique de quelques guinguettes peu éloignées. Cependant ce grand emplacement ne suffisait-il pas toujours aux victimes de toutes les justices féodales, et deux gibets de second ordre furent élevés à peu de distance du gibet monstre, pour encadrer dignement son *trousseau de squelettes*.

Il est remarquable que le haut et puissant seigneur qui fit construire ces fourches patibulaires, et qu'un autre grand personnage qui les fit restaurer, y furent pendus ; qu'un troisième, qui eut la même pensée, y fit amende honorable, ce qui dégoûta sans doute leurs successeurs de les faire entretenir ; aussi, en 1650, ce monument du crime et de l'infamie était-il en partie ruiné, et quelques vieilles poutres vermoulues pouvaient-elles seules servir encore aux bourreaux ; il ne fut cependant entièrement détruit qu'en 1789.

Avec une foule de criminels et de malfaiteurs obscurs, les chaînes de Montfaucon portèrent encore les dépouilles de beaucoup de personnages illustres en leur temps, condamnés au dernier supplice, les uns pour des crimes si éclatants qu'ils ne pouvaient rester impunis malgré leur puissance, les autres pour des exactions financières, ou seulement à cause de leurs grandes richesses que se partageaient leurs accusateurs; plusieurs pour des motifs purement politiques ou pour satisfaire des vengeances particulières.

Parmi les pendus les plus distingués on compte d'abord Enguerrand de Marigny, comte de Longueville, grand chambellan, premier ministre et coadjuteur du royaume de France sous Philippe-le-Bel, homme dur, fier, sans pitié, haï des grands à cause de son orgueil, détesté du peuple à cause de ses rapines. Accusé d'avoir pillé les finances, altéré les monnaies et accablé le peuple d'impôts, il eût peut-être conservé sa vie et son pouvoir sans l'imprudence qui le porta à donner, en plein conseil, un démenti au comte de Valois, qui s'en vengea en le faisant condamner à mort et attacher au gibet qu'il avait dressé lui-même peu de temps avant. Son exécution eut lieu la veille de l'Ascension 1315.

« et, comme maître du logis, il eut « l'honneur d'être mis au haut bout, « au-dessus de tous les autres voleurs. »

Les crimes qui furent reprochés à cet homme d'état furent-ils en grande partie inventés par ses adversaires, comme le prétendent plusieurs historiens, la part qu'il prit dans l'odieux procès des Templiers (3) lui mérita bien le supplice auquel il fut condamné. Cependant sa mort paraît avoir été un sujet de remords pour le comte de Valois, qui, pour soulager sa conscience, fit réhabiliter plus tard la mémoire de son ennemi.

L'art de s'enrichir sans se faire pendre était encore dans l'enfance en 1320, on ne connaissait pas le jeu des télégraphes ni celui de la bourse. On ne savait pas mettre en actions une entreprise imaginaire, et soutirer à la crédulité publique de nombreuses petites sommes pour se faire une grande fortune.

Un homme fort riche, condamné à mort pour des crimes atroces, partagea sa fortune avec Henri Tapperel, prévôt de la ville de Paris, à la condition que le magistrat lui sauverait la vie. Tapperel trouva tout simple de faire pendre à la place du coupable riche, un innocent pauvre, mais la substitution fut trop évidemment découverte, et le prévôt fut bientôt accroché à côté de la victime.

Girard-Gueste, ministre des finances de Philippe-le-Long, accusé par Charles-le-Bel, son successeur au trône, d'avoir détourné l'argent du trésor royal, fut mis d'abord à la question, mais avec tant de barbarie, qu'il expira dans les tortures, et cela sans vouloir dire où étaient cachées ses richesses, ce qui sans doute intéressait le plus vivement ses accusateurs;

son corps, après avoir été traîné dans les rues de Paris, fut suspendu aux fourches de Montfaucon.

Charles-le-Bel, sévère justicier et gardant le droit à un chacun, comme le dit *Du Tillet*, fit encore pendre en 1328, Pierre-Remi, son principal trésorier; en 1331, Macé de Marches, trésorier-changeur du trésor royal, et en 1333, René de Siran, maître des monnaies, tous plus ou moins coupables de malversations, mais dont le plus grand crime fut peut-être d'avoir amassé d'immenses richesses dont la confiscation grossissait le revenu de la couronne.

Jean de Montaigu, fils d'un notaire de Paris, anobli par le roi Jean, en 1363, favori de Charles V, surintendant des finances et grand-maître de France sous

Charles VI, et possesseur d'une fortune prodigieuse, fut accusé de sortilége, d'empoisonnement, et plus certainement d'avoir volé son souverain, pauvre roi réduit à mettre en gage sa vaisselle, ses joyaux et une partie de ses meubles, tous objets qui se retrouvaient recélés dans la belle maison que le ministre usurier et avare avait à Marcoussi, près Montlhéry.

Livré aux angoisses de la torture, Montaigu protesta avec énergie contre les imputations de sortilége et d'empoisonnement, mais il avoua des malversations dans la régie des finances.

Haï du duc de Bourgogne, Montaigu fut poursuivi avec acharnement et jugé, non par un tribunal légal, mais par une commission présidée par Pierre Desessarts, prévôt de Paris, qui l'accabla de toute sa puissance, pour plaire au duc; aussi l'accusé fut-il condamné, décapité aux halles, le 17 octobre 1409, sa tête élevée au haut d'une lance sur les piliers du marché, et son corps attaché au gibet de Montfaucon. En 1412, le duc de Guyenne approcha de sa personne, et rappela à son office de chambellan le fils Montaigu; en lui rendant tous ses biens confisqués en même temps, il dit hautement que la condamnation prononcée contre son père, lui avait toujours fort déplu, que c'était un jugement en mauvaise forme, trop soudain, et qui avait eu pour motif la haine et une volonté absolue, plus que la justice et la raison. L'ordre fut donné au prévôt de Paris d'aller solennellement chercher le corps à Montfaucon, et sa tête qu'on voyait encore exposée aux halles sur une pique. Ces restes, réclamés par les Célestins de Marcoussi, dont il avait été le fondateur, furent placés, après de magnifiques funérailles, dans un somptueux monument (4).

En 1412, lorsque les querelles des princes allumaient la guerre civile et faisaient couler le sang sur toutes les parties de la France, Montfaucon reçut les restes de plusieurs illustres victimes des malheurs de ce temps : Jean de Brabant, frère de l'amiral Clignet de Brabant, Pierre de Tamechon, qui était un serviteur fort aimé du duc de Bourbon, furent décapités, ainsi que plusieurs autres seigneurs. De tous ces supplices, celui qui inspira le plus de pitié et d'indignation, ce fut celui du sire Mansart-du-Bois, qui avait été pris à Saint-Cloud. C'était un vaillant chevalier picard; il était vassal du duc de Bourgogne; mais s'étant mis au service du duc d'Orléans, il avait toujours montré assez publiquement son horreur pour l'assassinat de son maître. Dans sa prison même il exprima les mêmes sentiments, et refusa la grâce qu'on lui offrait sous la condition de faire serment au duc. Il persista à dire, qu'il n'avait rien fait contre le roi, ni rien qui pût exiger de pardon; il fut mis à la torture; on l'interrogea sur les desseins des princes, il répondit que, dans leurs conseils, il s'était opposé à la dernière prise d'armes et à l'attaque contre la ville de Paris; mais qu'une fois la guerre résolue par son maître, il avait dû y montrer d'autant plus d'ardeur, qu'il l'avait blâmée auparavant ; il fut condamné à avoir la tête tranchée. Au jour marqué, il était à dîner avec les autres prisonniers ; la charrette arriva devant la porte, et le bourreau l'appela à haute voix. « Mes amis, dit-il, on « m'appelle pour mourir, et j'en re- « mercie Dieu, je ne crains pas la mort ; « aussi bien devait-elle venir un jour ou « l'autre, et Dieu me préserve de re- « noncer, pour l'éviter, à la cause que « j'ai défendue. Adieu, mes amis, priez « pour moi. » Il les embrassa, fit le signe de la croix, descendit d'un pas ferme, et traversa la ville sur la charrette avec une contenance tranquille. Sur l'échafaud, il arracha lui-même ses vêtements, et présenta sa tête. Tout le peuple pleurait; le bourreau, attendri, le conjura de lui pardonner. Le sire Mansard-du-Bois, l'embrassa. On remarqua que ce bourreau et quatre des exécuteurs, qui avaient mis à la torture ce bon et brave chevalier, moururent dans la quinzaine.

La lâche complaisance de Pierre Dessarts, pour le duc de Bourgogne, ne lui mérita pas la bienveillance de ce prince, qui lui dit un jour : « Prévôt de « Paris, Jean de Montaigu a mis vingt-« deux ans pour se faire couper la tête; « vous irez plus vite, car vous n'y en « mettrez pas trois. » Et cette funeste prédiction s'accomplit.

Le grand amour que les Parisiens avaient eu pour lui, finit par se tourner en fureur : on regettait que les Armagnacs eussent, par leurs méchantes pratiques, amené à eux un magistrat qui avait réellement aimé le roi et le bien du peuple, mais on n'en était que plus animé contre lui.

Une dernière aventure acheva de le perdre. Un homme d'armes bourguignon était logé dans une auberge, rue de la Harpe, son cheval mourut; on le tira de l'écurie pendant la nuit, et on le traina à la porte du collége d'Harcourt. Les écoliers trouvant cette charogne le lendemain matin, se tinrent pour insultés, et la trainèrent à l'auberge d'où elle avait été amenée. L'aubergiste était un huissier du Chatelet, grand protégé du prévôt de Paris, il traita insolemment les écoliers. On s'échauffa, et l'on en vint aux mains; le sire Desessarts prit le parti de son huissier, et envoya à son secours. Tous les écoliers de l'Université s'en mêlèrent, le trouble se mit dans la ville. Le duc profita de l'occasion, et destitua le sire Desessarts de la charge de prévôt de Paris.

Quant au maniement des finances pour lequel il était accusé, il arriva à Desessarts de dire que sa justification serait facile : qu'il avait donné deux millions au duc de Bourgogne, et qu'il en montrerait le reçu signé du duc lui-même; cette parole décida sa perte. D'ailleurs le duc d'Aquitaine et les princes qui le gouvernaient en étaient venus à ne pouvoir plus se passer de Desessarts; il était l'ame de leurs conseils. On disait que son projet était d'enlever le roi et le dauphin; qu'il avait réuni pour cela cinq ou six cents hommes d'armes à Melun. On ajoutait que sans cesse il répétait aux princes que le peuple de Paris devait être mené rudement et tenu en crainte. Il lui fallut se dérober aux périls qui le menaçaient; il se sauva dans la forteresse de Cherbourg dont il était capitaine.

Le 28 avril 1413, il rentra dans Paris à la tête de quelques hommes d'armes, et s'empara de la Bastille Saint-Antoine, en vertu d'un ordre du dauphin. Au premier bruit de cette nouvelle, les deux frères Legroix, Denis de Chaumont, Caboche et Jean de Troye, chefs des bouchers, répandirent dans le peuple que c'était le commencement du dessein que Pierre Desessarts avait formé d'enlever le roi et de détruire la ville. La sédition commença ; on alla en foule requérir le prévôt des marchands de délivrer la bannière de la ville, et d'avertir les cinquantainiers et les dixainiers qu'ils eussent à se rendre en armes sur la place de Grève.

Le clerc de l'Hôtel-de-Ville montra une grande fermeté : il leur représenta qu'ils avaient promis de ne jamais prendre les armes sans en prévenir le duc d'Aquitaine deux jours d'avance. Les séditieux, et même les plus petites gens, finirent par entendre raison ; ils se retirèrent, en se donnant parole pour le lendemain.

Le jour suivant, les magistrats résolurent de tenter les derniers efforts pour empêcher le désordre. Et auraient-ils peut-être réussi si les séditieux n'eussent été poussés par plusieurs chevaliers bourguignons. Les sires de Jacqueville et de Mailly se mirent à la tête du peuple. L'on courut attaquer la Bastille; Desessarts, voyant leur fureur, chercha à les calmer et promit de sortir pour toujours de Paris, mais sa voix fut étouffée par le tumulte; alors arriva le duc de Bourgogne, qui commença à calmer les assiégeants en disant qu'il se chargeait du sire Desessarts, qu'il le garderait et en répondait. Il lui cria de descendre, Desessarts obéit; quand il fut au milieu de cette troupe furieuse, que la présence du duc contenait à peine : « Monseigneur, « lui dit-il, je suis venu sur votre « sauvegarde; si vous ne pouvez me garantir de la rage de ces gens-là, laissez-« moi rentrer. — N'aie aucun souci, mon « ami, répondit le duc, je t'assure et te

« jure ma foi, que s'il le faut, je te cou-
« vrirai de mon corps. » Il lui fit une croix sur le dos de la main en signe de serment, l'emmena hors de la foule, et le fit conduire au Louvre.

Cet homme ambitieux et propre à mettre toutes choses pêle-mêle, avait beaucoup d'ennemis et d'envieux, et avait fait tout ce qu'il fallait pour les mériter : de sorte que l'opinion ne le défendait guère contre les commissaires chargés de le juger. Il fut donc condamné, et le 1er juillet 1413, on le conduisit au supplice, sur une claie, après lui avoir rasé les cheveux. Il avait une houpelande fourrée de martre, et une croix de bois en sa main. Sa fermeté ne l'abandonna pas un instant : il avait le visage riant, et regardait d'un œil assuré tous les apprêts de sa mort. Le voyant si calme et si gai, beaucoup de gens imaginaient qu'il se flattait d'être délivré par ce peuple dont il avait été tant aimé. Cependant personne n'y songea, bien que tous les assistants pleurassent à chaudes larmes. Arrivé sur l'échafaud, il ne demanda pas d'autre grâce que de ne pas entendre la lecture de son jugement, où l'on avait accumulé toutes sortes de crimes. Cela lui fut accordé ; il se mit à genoux, baisa une petite image d'argent que lui présenta le bourreau, et tendit courageusement la tête. Son corps fut suspendu au même gibet où, trois ans auparavant, il avait fait attacher celui du sire de Montaigu. Comme lui aussi, sa mémoire fut réhabilitée aux sollicitations de sa veuve, et ses restes retirés du charnier de Montfaucon, furent inhumés avec grande pompe dans l'église des Mathurins.

Pendant le procès de Desessarts, la faction des bouchers qui portait la terreur dans toute la ville, se livra à de nouveaux excès, et plusieurs hommes notables furent pris et emprisonnés. Le sire de Jacqueville, capitaine des bouchers, entra un jour dans la prison où était le sire Jacques de La Rivière, un des seigneurs les plus polis, les plus aimables, et les plus savants de toute la cour; il commença par lui adresser de rares paroles: le prisonnier vit bien qu'il était dangereux d'engager querelle avec un tel homme, et s'efforça de lui répondre le plus doucement qu'il pouvait. Mais l'autre étant allé jusqu'à lui dire qu'il était traître et déloyal, se sentant attaqué dans son honneur, il répliqua à Jacqueville, qu'il en avait méchamment menti, et que s'il plaisait au roi il le combattrait. Pour lors ce capitaine prit sa hache d'armes, en frappa La Rivière à la tête et l'étendit mort à ses pieds.

Le lendemain on plaça le cadavre dans une charrette, avec le sire de Mesnil que les commissaires venaient de condamner. Le vivant et le mort furent amenés à l'échafaud et décapités, et leurs corps portés à Montfaucon. On répandit dans le vulgaire que le sire de La Rivière s'était tué en se frappant la tête avec un pot d'étain. Tout ce qui n'était point la populace, sut bien que Jacqueville avait assassiné un homme sous la sauvegarde de la justice.

Le 24 mai 1484, un corps fut attaché

pendant quelques heures au gibet de Montfaucon, à la grande joie de la noblesse et du clergé. Ce fut celui du célèbre Olivier-le-Mauvais, le Diable ou le Dain, barbier, valet de chambre, conseiller intime de Louis XI, comte de Meulan, ambassadeur. Pour quel crime fut-il condamné à mort?... c'est ce qu'il est fort difficile de dire positivement; mais ce qui est certain, c'est que le duc d'Orléans qui le fit arrêter et juger, pour avoir séduit une femme, dont il fit pendre le mari, se fit adjuger tous ses biens, meubles et immeubles, et ne rougit pas d'hériter des dépouilles de sa victime.

Cependant, Louis XI en mourant avait très chaudement recommandé son favori à son fils, Charles VIII, aussi à peine Olivier-le-Dain fut-il pendu, que le roi ne voulant pas manquer entièrement à sa promesse, ordonna que le corps fût immédiatement détaché du gibet et enterré honorablement dans le cimetière de Saint-Laurent...

Le surintendant des finances de François Iᵉʳ, Jacques de Baume Sablançai, fut pendu le 14 août 1527, et Jean Poncher, trésorier des guerres, subit le même supplice.

Le corps de Laurent Garnier, condamné par le parlement, pour avoir tué un collecteur des tailles, était suspendu depuis huit mois aux fourches patibulaires, quand son frère obtint la permission de lui faire donner la sépulture. Ses restes furent placés dans un beau cercueil, et portés avec tout l'appareil des pompes funèbres, par les rues de

Paris; de chaque côté, douze hommes vêtus de deuil, marchaient en procession, torches et cierges en main. Le cortége était précédé par quatre crieurs, portant sur leurs dos les armoiries du défunt, faisant retentir leurs cloches, et criant par intervalle : « Bonnes gens, dites vos « patenostres pour l'ame de feu Laurent-« Garnier, en son vivant demeurant à « Provins, qu'on a nouvellement trouvé « mort sous un chêne; dites vos pate-« nostres; que Dieu bonne merci lui « fasse. »

Le lieutenant civil de Paris, Jean Mounier, qui est le dernier qui fit faire des réparations au gibet de Montfaucon, fut condamné peu de temps après à y faire amende honorable.

Un jour du mois d'août 1572, un beau

et brillant cortége vint défiler devant les cadavres de Montfaucon, c'était Catherine de Médicis avec Charles IX et ses autres enfants, sa fille, et les seigneurs de la cour venant contempler le corps meurtri et mutilé de l'amiral de Coligny, qui, après avoir été déchiré par les catholiques, traîné dans la fange des rues, et décapité, était là suspendu par les pieds. (5)

Quelques serviteurs fidèles de l'amiral dérobèrent ses tristes restes, les placèrent dans une boîte de plomb qui fut déposée dans les caves du château de Châtillon. (6)

On remarquera, sans doute, que si les vilains se trouvèrent souvent en noble compagnie aux fourches de Montfaucon, ils n'eurent pas le même honneur dans son charnier, où on les laissa tomber en poussière, tandis que les pendus de distinction obtinrent tous une réhabilitation plus ou moins prompte et une somptueuse sépulture. Ainsi, l'aristocratie et la puissance de l'argent ne perdirent jamais leurs priviléges, même après la mort infamante de ceux qui en avaient été favorisés.

Pour que tout ce qu'il y avait alors de plus horrible se trouvât réuni, on voyait à peu de distance du gibet, sans qu'il soit possible de déterminer aujourd'hui exactement son emplacement, une logette de recluse (7), cellule sans porte, tombeau qui renfermait un vivant, créature abjecte, abrutie par la superstition et ne devant sa substance quotidienne qu'à la charité publique; puis vint là s'établir le combat du taureau, puis la voirie, puis l'écorcherie.

L'emplacement des fourches patibulaires conserve encore maintenant un aspect assez triste; c'est un des points de la limite de Paris qui a subi la métamorphose la plus lente. Du terrain vague situé à l'extrémité supérieure de la rue Grange-aux-Belles, et à droite de la barrière, on plane sur tous les environs, et l'on peut de là, sans de grands efforts d'imagination, se reporter de quelques siècles en arrière, et se figurer l'aspect que devait avoir ce lieu, avec son bloc de pierre, ses hauts piliers, ses potences, ses morts qui dominaient la ville, et le tout ombragé par un nuage de corbeaux croassant.

LE

COMBAT D'ANIMAUX.

LE COMBAT D'ANIMAUX.

La double barrière voisine de l'emplacement qu'occupait l'ancien gibet, est une des œuvres les plus prétentieusement ridicules de l'architecte Ledoux (8), et son développement monumental contraste d'une manière choquante avec le chemin de la voirie, le seul qui aboutit à cette entrée de Paris. Le mur de la ville forme en cet endroit un hémicycle au milieu duquel est bâti le bureau de l'octroi, propylé surmonté d'un dôme; de chaque côté du bâtiment est une grille : celle de droite, *Barrière du Combat*, fait face à la rue Grange-aux-Belles, l'autre, *Barrière de la Boyauterie*, ou de *la Butte-Chaumont*, est vis-à-vis la rue qui porte ce dernier nom.

Le boulevard qui s'étend entre ces barrières et celle de Pantin, était autrefois un chemin, nommé rue de la Voirie, parce que dans l'angle que forme ce boulevard avec la rue extra-muros de Meaux, était en effet le dépôt principal des immondices de la ville, ou la Grande-Voirie. (Voyez le plan, n° 1.)

Du côté opposé et à l'entrée de la rue de Meaux est l'ignoble spectacle nommé *Combat du Taureau.* Établi en 1781, la police du temps s'opposa d'abord à son ouverture, puis le toléra avec une coupable indulgence; pendant quelques années, ce spectacle barbare et sanglant fut fort à la mode, et ses galeries reçurent un grand nombre de curieux parmi lesquels se trouvaient beaucoup de femmes de certain rang, qui à l'exemple des dames romaines, venaient là chercher des émotions et voyaient avec plaisir couler du sang; elles ont totalement abandonné cet horrible lieu, et un jour, sans doute, on cessera aussi de les rencontrer en foule aux cours d'assises, quand on y juge de grands criminels, et autour de l'échafaud, quand doit faire tomber la tête d'un Lacenaire. La presse, qui rend de si grands services à la morale publique, en attachant au pilori de l'opinion les noms de ceux qui trafiquent honteusement de leur conscience et de leur honneur, et en stygmatisant les industriels qui exploitent si effrontément la crédulité, devrait aussi publier les noms de ces femmes qui vont avec tant d'impudence étaler devant des misérables, rebuts de la société, et leurs riches toilettes et leurs brillantes armoiries la leçon serait profitable, et la honte triompherait ainsi d'une impardonnable et inhumaine curiosité.

Le combat des animaux n'a lieu que le dimanche, et offre aujourd'hui moins de carnage qu'autrefois ; ses galeries ne reçoivent guère que des spectateurs sortis des classes les plus inférieures du peuple et des bouchers, qui n'y viennent que pour essayer la force et la férocité de leurs chiens. Le cirque contient un parterre où les places coûtent 75 centimes, un amphithéâtre à 1 franc, et des loges à 2 francs.

Un malheureux taureau, couvert de cicatrices et de blessures, a contracté l'habitude de lutter tous les huit jours contre des chiens irrités pour le plaisir du public ; un ours mutilé leur est aussi opposé, et on le remplace de temps à autre par un cerf, un sanglier ou un loup : on lance aussi des dogues contre des dogues, mais il est rare que la mort des combattants complète le drame, et le plus ordinairement ils en sont quittes pour des blessures que l'on s'empresse de guérir, afin de les reproduire dans d'autres représentations. On jette au milieu de la mêlée un pauvre âne qui, heurté, bousculé de toutes parts, provoqué, mordu, est forcé bon gré mal gré de prendre part à l'action, et se distingue quelquefois par beaucoup d'adresse et par de terribles ruades : c'est le bouffon de la comédie et celui de toutes ces bêtes qui a le privilége d'exciter les rires éclatants de la brutale assemblée.

Bien souvent, à la suite de paris, les spectateurs prennent fait et cause pour leurs bêtes, se querellent, se provoquent, et se livrent à la porte du théâtre, des combats encore plus stupides et plus dégoûtants que ceux auxquels ils viennent d'assister dans l'intérieur.

L'administration de ce cirque de bas étage exerce encore l'industrie relative à l'éducation et à la vente des chiens de toutes les espèces et de toutes les destinations : elle en possède un grand assortiment, et les aboiements de plusieurs centaines de ces animaux assourdissent tous les environs. Comme par compensation, on trouve aussi là un hôpital pour la race canine, où l'on traite toutes les maladies dont elle est affligée, et surtout les blessures.

Le gibet a été rasé, bientôt la voirie et toutes ses dépendances seront éloignées de quelques lieues, il faut espérer que la purification se complètera et que les combats d'animaux cesseront aussi d'ensanglanter ce quartier.

LA VOIRIE.

LA VOIRIE.

En suivant la rue de Meaux, dans laquelle se trouve le combat des animaux, on laisse à droite plusieurs passages conduisant au pied de la butte

Saint-Chaumont, aux carrières et aux fours à plâtre; du côté opposé sont des établissements de vidangeurs, des cabarets et des masures : on arrive au bout de cette rue près du vaste champ où se manipule la poudrette, qui couvre de ce côté toute la surface d'un grand monticule : là des hommes et des femmes sont constamment occupés à étendre sur le sol et à faire sécher à l'air et aux rayons du soleil des matières qui sont ensuite triturées et amoncelées; ces matières fermentent avec une telle activité, que le feu s'y manifeste souvent, et toute la masse serait consumée si l'on ne se hâtait de l'éteindre. Elles perdent leur mauvaise odeur et se convertissent en terreau très recherché pour l'engrais et la fertilisation des terres.

Le chemin sinueux qui suit la base de la colline est peu fréquenté, et présente avec quelques établissements d'industrie, un aspect assez sinistre. Vers son extrémité ce chemin se bifurque, la branche droite conduit à une carrière de gypse; en suivant celle qui décrit un coude vers la gauche, on se trouve bientôt sur une large terrasse pavée, qui domine les grands bassins de la voirie.

Les deux bassins qui touchent à droite à la terrasse et qui ont dix mètres environ de profondeur, reçoivent toutes les matières, solides et liquides, apportées par les voitures des vidangeurs. Les murs de la terrasse sont percés de barbacanes, dont les unes facilitent le déchargement des voitures et les autres servent à la séparation des matières; les urines s'écoulent dans les grands bassins inférieurs, séparés les uns des autres par d'étroites chaussées ou par des digues, et formant dans leur ensemble, qui présente une superficie d'environ quatre arpents, ce que l'on appelle l'*Étang de l'Oiseau*, du nom d'un ancien équarrisseur qui s'est fait une réputation dans son métier; quelques batelets naviguent sur cet infecte étang. (Voir le plan n° 2.)

Dans l'angle qui est le plus près de la rue de Meaux, du côté de la barrière et derrière le bâtiment du dépôt de poudrette, est une bonde par laquelle s'écoule le trop plein des bassins, qui au moyen d'un conduit de plomb se dégorge dans l'égoût latéral au canal Saint-Martin, et de là dans la Seine, au dessus de Paris, et près du pont d'Austerlitz ; c'est une des causes notables de corruption pour l'eau qui traverse la capitale et sert à la boisson d'une grande partie de ses habitants. On ne peut penser sans dégoût à cette énorme masse de liquide croupi et infect qui va se mêler à l'eau de la rivière et qui peut être évaluée à 182 mètres cubes par jour (9). Ce seul fait suffirait pour motiver le déplacement de la voirie, si cet immense dépôt n'offrait pas encore l'inconvénient de répandre une odeur infecte à une distance considérable, et jusque dans une grande partie de la ville. Ce point situé à 36 mètres au-dessus des eaux de la Seine, domine ainsi les lieux les plus élevés du sol de Paris, et même le sommet de la plupart de ses édifices ; il est garanti par les côtes voisines, des vents d'est et de sud-est, et jusqu'à un certain point de celui du nord-est, et rien ne peut empêcher l'accès de ceux de tous les autres points, particulièrement à ceux du sud et sud-ouest qui, après celui de l'ouest, sont les plus constants dans ce pays.

« Les émanations fétides qui sortent de la voirie, sont disséminées au loin par les vents régnants, et semblent portées sur les villages de Pantin et de Romainville, bien plus fréquemment et en bien plus grande quantité que sur tous les points voisins, ce qui diminue beaucoup la valeur des propriétés situées dans ces villages, qui, par leur proximité de Paris, seraient bien plus fréquentés par tous ceux qui recherchent la campagne dans la belle saison, si cette cause de désagrément n'existait pas. Les habitants de ces villages sous ce rapport, sont plus intéressés à l'assainissement de la voirie que ceux de Paris même. »

« Il paraît que la côte voisine qui domine la voirie, et qui s'étend, en conservant toujours la même hauteur, au nord et à l'est, agit puissamment sur la manière dont se propagent les émanations qui en sortent. Comment expliquer autrement l'infection presque constante des deux villages que nous venons de citer? Pourquoi, dans la plaine Saint-Denis, cette odeur est-elle souvent nulle et toujours moins intense, même lorsque le vent souffle dans sa direction, que le long du coteau qui mène à Pantin? Comment enfin, se fait-il que, dans quelques circonstances, l'odeur soit nulle sur le sommet de la butte Saint-Chaumont et dans tout l'espace qui se trouve entre elle et le village de Belleville, lorsqu'on ne peut résister dans celui-ci et dans les champs qui sont au-delà? Nous avons pu vérifier une fois par nous-mêmes, cette particularité remarquable, qui nous avait été indiquée par des carriers et par des agriculteurs du voisinage que nous avons consultés. »

« Nous croyons expliquer pourquoi cette odeur se fait assez rarement sentir à Paris, même lorsque le vent est le plus convenablement disposé pour l'y apporter. Nous supposons, pour cela, que celui qui vient du fond de la vallée, ayant pris une direction et pour ainsi dire un niveau dans les quatre ou cinq lieues qu'il a parcourues avant d'arriver au col ou détroit formé par la butte Montmartre d'un côté, et la butte Saint-Chaumont de l'autre, continue à garder ce même niveau en passant sur Paris, et porte les émanations dont il est chargé en touchant Montfaucon, vers les hauteurs méridionales sans se mêler à l'atmosphère qu'il rencontre sur cette ville. »

« Quelques faits tendent à donner à ces suppositions une certaine probabilité. »

« On sait que les odeurs infectes qui proviennent des substances animales en putréfaction, gagnent toujours les parties les plus élevées; nous en avons eu la preuve dans la caserne de la Pépinière, derrière la voirie (aujourd'hui détruite) de la petite Pologne: on ne sentait rien au rez-de-chaussée ni au premier étage de cet établissement, tandis qu'on était infecté dans les combles, lorsque le vent arrivait de la voirie. »

« On sait encore que, dans les circonstances ordinaires, on ne s'aperçoit de l'odeur de Montfaucon qu'à mesure qu'on s'élève vers la barrière du Combat, où elle est permanente, et qu'on cesse de la retrouver, lorsqu'on y fait attention, aussitôt qu'on rentre dans Paris en descendant la rue Grange-aux-Belles. »

« Un de nous a fait une remarque qui est plus concluante que tout ce que nous venons de dire, si l'on pouvait la répéter plusieurs fois : ayant eu occasion de s'élever à diverses reprises au sommet de la tour de l'église de Saint-Gervais, pour y faire quelques observations, il fut un jour surpris de l'odeur infecte; provenant évidemment de Montfaucon, qui s'y faisait sentir, et qui disparaissait complètement au milieu de cette tour (a). »

J'ai moi-même fait une observation analogue : ayant habité pendant plusieurs années la maison qui fait le coin de la rue d'Angoulême du Temple et du quai du canal, je ne sentais jamais l'odeur de la voirie dans un appartement que j'occupais au troisième étage, tandis que j'en étais infecté dans un atelier que j'avais au sixième.

Lorsque les bassins supérieurs contiennent une grande quantité de matière égouttée, on la retire pour l'étendre et la faire sécher sur le sol environnant afin de la convertir en poudrette.

(a) Recherches et considérations sur l'enlèvement et l'emploi des chevaux morts, 1827.

Depuis un assez grand nombre d'années, on s'occupe du déplacement de cette voirie; la ville a fait l'acquisition d'un vaste terrain, situé à l'entrée de la forêt de Bondi à gauche de la route de Claye et du canal de l'Ourcq, les bassins ont été creusés et des matières y ont même été déjà déposées.

Dans peu de temps, sans doute, cette nouvelle voirie remplacera totalement celle de Montfaucon. Les transports auront lieu par bateaux sur le canal, ou par un chemin de fer projeté à cet effet.

POUDRETTE.

Tous les vidangeurs sont obligés de jeter dans les bassins de Montfaucon les matières qu'ils enlèvent des fosses de Paris, en exceptant cependant les entreprises des fosses mobiles inodores, qui transportent par bateaux et sur le canal de l'Ourcq, leur tonneaux à la nouvelle voirie de Bondi.

Les matières, une fois déposées dans ces deux voiries, deviennent la propriété de la ville, qui confère, par un afermage, le privilège de les convertir en poudrette; le prix du dernier bail, concédé pour douze années, à partir du 1er janvier 1831, est de 166,000 francs.

Les matières tassées et égouttées sont retirées des bassins supérieurs, étendues sur le sol et entièrement desséchées, puis on les amoncelle; ce premier tas est remué de nouveau à la pelle et à la main: on en retire, avec le plus grand soin, les pierres et tous les corps étrangers qui peuvent s'y trouver; les ouvriers apportent d'autant plus d'attention à ce triage, qu'ils en retirent des morceaux de fer, de vieux clous, quelquefois des pièces de monnaie et d'autres objets de plus de valeur, qui ont échappé aux recherches de ceux qui explorent les matières au moment de leur versement dans les bassins, et que l'on désigne par la dénomination de *ravageurs*.

C'est chose singulière que de voir souvent dans ce dépôt un grand nombre de voitures se charger de sacs de jonc, bien fermés, et partir pour exporter au loin cette poudrette, que l'on vend au litre et qui se mesure avec beaucoup de scrupule. C'est qu'en effet la poudrette a une grande valeur et rapporte de gros bénéfices à ceux qui ont le privilége de son exploitation. Aussi, on se demande comment il se fait que les propriétaires de Paris paient si cher les vidanges de leurs fosses, puisque les matières qui en sont tirées sont d'abord vendues plus de 160,000 francs, par la ville, à des fermiers à qui elles rapportent peut-être autant. Il est évident que cette industrie pourrait être modifiée à l'avantage des habitants.

L'ÉQUARRISSAGE.

L'EQUARRISSAGE.[10]

« Pendant une longue suite de siècles, l'histoire de la ville de Paris ne nous apprend rien de relatif à l'équarrissage, qui devait nécessairement s'y pratiquer et y causer de grands inconvénients. Il en est fait mention pour la première fois dans un réglement de police du 28 juin 1404; il y est dit : « Que les chirurgiens « seraient tenus de porter le sang des « personnes qu'ils auraient saignées, « dans la rivière, hors de la ville et au- « dessous de l'écorcherie des chevaux, « qui est au-dessous du castel du Lou- « vre. » Ces détails sont précieux, et nous montrent déjà un lieu assigné, et loin des habitations, pour l'exercice de ce métier.

« Tout prouve cependant qu'il en existait un autre, à peu près à la même époque, dans le centre même de la ville, non loin du Grand-Pont (actuellement le Pont-au-Change). Les termes de l'ordonnance rendue par Charles VI, le 13 mars

1416, sont trop précis pour pouvoir en douter : il y est dit que l'*écorcherie*, qui était derrière le Grand-Pont, serait transférée ailleurs, à cause de l'infection qui s'en exhalait, ainsi que des boucheries qui se trouvaient dans le voisinage, et qu'on la placerait hors de la ville de Paris, près et environ les Tuileries-Saint-Honoré, qui sont sur la rivière de Seine, entre les fossés du bois du Louvre.

« Il faut peser ces expressions, car quoiqu'on n'ait pas dit, en parlant de cette écorcherie, qu'elle fût destinée aux chevaux, la distinction qu'on établit entre l'odeur qui s'en exhalait et celle qui sortait des boucheries, montre bien que telle était sa destination ; et ce qui achève de le prouver, c'est l'emplacement nouveau qu'on lui assigne, qui se trouve être le même que celui de l'écorcherie dont l'ordonnance de 1404, que nous venons de rapporter, vient de nous prouver l'existence. Aurait-on établi dans un clos d'équarrissage un abattoir destiné à la nourriture des hommes? l'histoire des boucheries de Paris en prouverait l'impossibilité. Nous ne rapporterons pas tout ce que cette ordonnance contient de curieux, il y est dit que l'écorcherie avait été faite dans ce lieu par long temps et que l'odeur qu'elle répandait était des plus infectes. »

« A cette même époque, les *tueurs* et *écorcheurs de bêtes*, ayant fait cause commune avec les bouchers, dans les troubles des Armagnacs et des Cabochiens, leurs statuts furent cassés, et les différends qui s'élevèrent entre eux,

cessèrent d'être jugés par leurs syndics, comme cela avait toujours lieu, et furent portés devant le prévôt de Paris; il leur fut en même temps défendu : « d'écor-
« cher dorénavant aucune bête dans leurs
« maisons, ou ailleurs dedans la ville,
« mais seulement aux écorcheries qui
« leur étaient assignées, et que nous
« venons d'indiquer. »

« Soit que cette sage ordonnance n'ait pas été exécutée, soit qu'après l'avoir été pendant longtemps, l'autorité ait ralenti la surveillance toujours indispensable lorsqu'il s'agit de gêner les hommes dans l'exercice d'une profession lucrative, il est certain que l'établissement assigné aux écorcheurs auprès des Tuileries, n'existait plus 150 ans après, et qu'ils continuaient à exercer leur métier, non plus auprès du Grand-Pont, mais dans leurs propres demeures, situées dans les faubourgs de la ville et dans son enceinte même; ce qui est prouvé par l'arrêt du Parlement du 20 octobre 1563. Cet arrêt, voulant remédier aux inconvénients attachés à quelques professions qui s'occupent des substances animales, ordonne en particulier aux bouchers, ainsi qu'aux tueurs et écorcheurs de bêtes, de sortir de la ville et des faubourgs de Paris, et d'aller s'établir près de l'eau, en aval de la rivière, dans des lieux qui leur seraient assignés. »

« Les tueries et écorcheries de bêtes, n'ont pas été oubliées par le célèbre chancelier Lhopital, dans la fameuse ordonnance qu'il dressa pour la police générale du royaume. On sait que ce travail, remarquable par sa sagesse, et que l'on peut regarder comme un des plus beaux titres à la gloire de son auteur, fut fait au milieu des troubles et des malheurs du règne de Henri III, et que ce prince donna, le 21 novembre 1577, des lettres patentes pour son exécution, et pour enjoindre aux écorcheurs de s'établir hors des villes et près de l'eau. »

« La profession d'équarrisseur devint assez importante en 1645, pour exciter l'attention de deux spéculateurs, Claude Thou et Charles Guillot, qui, par un brevet du Roi, du 31 juillet de cette année, confirmé par lettres-patentes du mois d'août suivant, obtinrent l'autorisation d'établir une écorcherie particulière et le privilége d'enlever et d'écorcher par telles personnes qu'ils aviseraient bon être, les chevaux et autres bêtes mortes des écuries et maisons des habitants de la ville, ou sur le pavé des rues et autres endroits de ses faubourgs, pour les faire transporter aux voiries pour ce destinées, sans qu'aucun puisse s'entremettre de le faire sans le consentement desdits Thou et Guillot. »

« On ne sait pas combien de temps dura ce privilége, ni même si ceux en faveur desquels il était accordé ont pu en profiter; il paraît certain, par les révélations mêmes qui, dans le traité de la police, accompagnent l'ordonnance que nous venons de citer, que la profession d'équarrisseur redevint libre comme elle l'avait toujours été, et qu'il fut permis à chacun de l'exercer dans l'endroit qui lui convenait. »

C'est probablement à cette époque que quelques équarrisseurs allèrent s'établir à *Montfaucon*, puisque l'ordonnance du 5 août 1667, qui leur défend de laisser aucune bête morte à l'entrée de la voirie, sur les terres et proche le grand chemin de la Villette, leur enjoint de mettre lesdites bêtes mortes dans des fosses, aux Écus de Biron, sises près Montfaucon, destinées à cet usage (11).

Cette écorcherie était située au-dessus de la rue de la Butte Chaumont, anciennement de la Boyauterie. Dans les fouilles faites en 1823, pour le passage du canal St.-Martin, on a trouvé dans cet endroit une quantité assez considérable de débris de chevaux, et quelques pièces de monnaie qui portaient un millésime en rapport avec la date de l'ordonnance de 1667. Mais il en existait d'autres, notamment rue du Pont-aux-Biches, rue Cadet, entre la rue du Faubourg-Montmartre et celle de la Chaussée-d'Antin, rue Folie-Regnault, rue du Faubourg-St-Antoine, dans le clos du Combat-du-Taureau, rue de la Ferme-des-Mathurins, à Bagnolet, à Gentilly; et enfin un établissement de ce genre existait en 1780, à Javelle, au bord de la rivière; et plus tard il s'en établit un sur le terrain abandonné de l'ancienne garre, derrière les murs d'enceinte de la Salpétrière. Mais enfin tous ces établissements se fondirent dans ceux qui existent seuls maintenant à Montfaucon.

En arrivant à la terrasse qui sert au déchargement des voitures de vidanges, on voit à droite le clos de M. Désiré Macquart, successeur de M. Dussaussois; on y entre par un long passage planté d'arbres, et il est entouré de murs assez élevés pour dérober à la vue le spectacle de ce qui s'y passe. Ce clos contient une écurie, des séchoirs pour les intestins, une fonderie pour la graisse, une fabrique de boyaux, des dépôts pour les issues et les ossements; les liquides s'écoulent dans le bassin supérieur de la voirie.

Le second clos, que l'on rencontre en montant le chemin des carrières, qui est au bout et à droite de la terrasse, est plus petit et plus mal tenu, c'est aussi le plus infecte : par les grandes chaleurs il est impossible d'en approcher, et son aspect est aussi repoussant que les miasmes qui s'en exhalent.

Là, sont amenés chaque année environ treize mille chevaux, pauvres animaux qui ne peuvent plus rendre de service, accablés qu'ils sont par les fatigues et par l'âge, attaqués de maladies ou de blessures incurables, ou bien encore qui ont succombé au travail, et dont les cadavres ont été ramassés sur la voie publique.

C'est un spectacle bien pénible, que de voir arriver à l'équarrissage une bande de 12 à 20 chevaux étiques, éclopés, attachés l'un à l'autre et ne pouvant à peine se soutenir.

On s'empresse de leur couper les crins, quand cette opération n'a pas encore été faite, puis on les attache aux carcasses mêmes de leurs semblables, sans leur donner aucune nourriture; c'est dans cette affreuse situation qu'ils attendent la mort, qui souvent est trop lente. Quelquefois on voit ces animaux tourmentés par la faim, ronger les squelettes auxquels on a la barbarie de les fixer. Enfin, ceux qui ne succombent pas dans ces cruelles angoisses, sont abbattus, soit avec la lame d'un couteau qu'on leur enfonce dans le poitrail, soit par un coup de masse qu'on leur assène sur la tête.

C'est une atroce sauvagerie, que la manière dont on traite à ses derniers moments cet utile animal: « La plus noble conquête que l'homme ait jamais faite, qui partage avec lui les fatigues de la guerre et la gloire des combats : aussi intrépide que son maître, le cheval voit le péril et l'affronte; il se fait au bruit des armes, il l'aime, il le cherche, et s'anime de la même ardeur. Il partage aussi ses plaisirs : à la chasse, aux tournois, à la course, il brille, il étincelle; mais, docile autant que courageux, il ne se laisse point emporter à son feu ; il sait réprimer ses mouvements : non seulement il fléchit sous la main de celui qui le guide, mais il semble consulter ses désirs; et, obéissant toujours aux impressions qu'il en reçoit, il se précipite, se modère ou s'arrête, et n'agit que pour y satisfaire. C'est une créature qui renonce à son être pour n'exister que par la volonté d'un autre; qui sait même le prévenir : qui, par la promptitude et la précision de ses mouvements, l'exprime et l'exécute : qui sent autant qu'on le désire, et ne rend qu'autant qu'on le veut ; qui, se livrant sans réserve, ne se refuse à rien, sert de toutes ses forces, s'excède, et même meurt pour mieux obéir. »

Dans le petit clos, tous les travaux se font en plein air, c'est une cour basse, sans écoulement, privée d'eau, encombrée de monceaux de carcasses, d'intestins, et dont le sol couvert de sang et de débris d'animaux, n'offre qu'une fange épaisse et infecte.

Cette enceinte, tellement empestée, que dans certains temps il est impossible d'en approcher, renferme cependant de très vieux ouvriers, des femmes, des enfants, qui passent là leur vie sans éprouver aucune incommodité, sans aucune altération de santé; aussi le danger des miasmes putrides est-il encore un problème que les observations les plus minutieuses et les recherches les mieux dirigées n'ont encore pu résoudre; mais cependant ces observations tendent à détruire presque entièrement ce prétendu danger. (12)

M. Macquart est chargé de fournir à l'école vétérinaire d'Alfort les sujets nécessaires aux études des élèves, et de temps en temps il expédie pour cette destination les chevaux les moins défectueux qui viennent dans son établissement et qu'il conserve à cet effet.

Tout ce qui provient de la destruction des chevaux est maintenant utilisé.

Les crins du col et de la queue sont

coupés et vendus à raison de 2 francs le kilogramme.

La peau est livrée aux tanneurs, pour 8 à 15 francs suivant sa beauté.

Le sang est employé pour le raffinage du sucre et la fabrication du bleu de Prusse.

Les chairs musculaires débitées avec soin par les équarrisseurs, fournissent la nourriture de leurs ouvriers; celle des animaux de la ménagerie du Jardin des Plantes et du Combat du taureau; puis des masses assez considérables de cette chair entrent dans Paris, destinées, dit-on, à repaître des chiens. Mais tout ce qui passe la barrière doit-il être employé à cet usage? cela est fort douteux, et il paraît certain qu'une partie en est servie, comme bifteeks, sur les tables des petits restaurateurs. Cela n'offre qu'un seul mal, celui d'être fait clandestinement, et d'être vendu ainsi à un prix trop élevé ; car la viande de cheval est saine, savoureuse et ne présente pas de différences bien sensibles avec celle du bœuf. Un préjugé ridicule empêche encore qu'elle ne soit débitée ostensiblement (13), ce qui pourtant serait très utile aux classes indigentes, privées de viande à cause de la cherté de celle des boucheries; celle des chevaux sains se vend 30 centimes le kilogramme.

Les intestins et autres parties intérieures servent à faire des cordes à boyaux, ou sont employés comme engrais.

Les tendons sont livrés aux fabricants de colle forte pour 60 centimes le kilogramme.

La graisse recueillie avec un grand soin est fondue dans le clos d'équarrissage.

Les sabots sont vendus 60 centimes le kilogramme, aux cornetiers qui les préparent en feuilles pour en fabriquer des peignes et d'autres ouvrages de corne grossière.

Les os font de l'ammoniaque et du noir animal, aujourd'hui employé en si grande quantité par plusieurs industries. Quelques parties du squelette servent encore à faire des manches de couteaux, des moules à boutons, et quelques autres articles de tabletterie.

Le prix des os est ordinairement de 4 centimes le kilogramme.

Les chevaux ne sont pas les seuls animaux qui terminent leur existence au clos d'équarrissage : tous les chiens et les chats ramassés dans la ville, tous ceux qui sont rencontrés la nuit par les chiffonniers y sont apportés, dépouillés à part, et leurs peaux conservées et préparées avec soin.

Il faut bien que cette industrie soit lucrative, puisque des chiens sont volés pour être détruits, et que dernièrement, le nommé Blainvillain, accusé de courir Paris avec une cariolle dans laquelle il plaçait tous les chiens qu'il pouvait attrapper, a avoué en avoir étranglé dix mille, entre le mois de juin 1837, et le mois d'avril 1839.

Mais que deviennent les corps de ces chats, si artistement, si proprement préparés? Privés de leurs têtes et de la dernière partie de leurs pattes, ce qui les défigure totalement, les équarrisseurs vous diront qu'ils sont destinés à leur propre nourriture, mais cela est-il bien exact, et ce gibier de contrebande n'est-il pas porté dans les cabarets de la banlieue ?...

Le produit de la destruction de ces animaux est évident : puisque les écorcheurs payent un certain nombre de *voyageurs*, qui les attrappent plus ou moins légalement et les apportent à Montfaucon.

On y amène aussi les chiens errants, et une petite potence est dressée pour hisser et pendre ceux qui arrivent vivants à l'écorcherie.

La commission de 1837 propose de transporter le clos d'équarrissage à Javelle, au-dessous de Paris et sur la rive gauche de la Seine, et donne un plan bien conçu de cet établissement projeté; mais depuis, une ordonnance royale lui assigne un emplacement dans la plaine Saint-Denis, entre Aubervilliers et le canal.

LES RATS.

LES [illegible].

LES RATS.

Les environs de l'équarrissage sont habités par une population nombreuse et toute particulière, celle des rats ; le sol en est perforé en tous sens et s'affaisse à chaque pas sous les pieds ; le gazon est sillonné par de petits sentiers qui conduisent ces animaux du clos à leurs retraites ; les murs déchaussés, criblés de trous dans leurs fondations, tombent en ruine ; tout enfin annonce les dégâts que cette phalange de rongeurs occasionne.

Le rat est doué d'un instinct de conservation très remarquable : il emploie toutes sortes de moyens pour se mettre à l'abri de tout ce qui peut lui être nuisible, évite les pièges, ou se coupe un membre pour se dégager de ceux dans lesquels il serait tombé ; il est méfiant et ne touche qu'avec une grande réserve aux substances qui pourraient lui être funestes, aussi est-il assez difficile à empoisonner. Ils préparent un lit à leurs petits, et leur apportent bientôt à manger ; lorsqu'ils commencent à sortir de leur trou, la mère les veille, les défend, et se bat même contre les chats pour les sauver. Un gros rat est plus méchant et presque aussi fort qu'un jeune chat ; il a les dents de devant longues et fortes ; son ennemi le plus redoutable est la belette, parce qu'elle le suit dans son trou ; le combat dure quelquefois longtemps ; la force est au moins égale, mais l'emploi des armes est différent : le rat ne peut blesser qu'à plusieurs reprises, et par les dents de devant, lesquelles sont plutôt faites pour ronger que pour mordre, et qui, étant posées à l'extrémité du levier de la mâchoire, ont peu de force ; tandis que la belette mord de toute la mâchoire avec acharnement, et qu'au lieu de démordre, elle suce le sang à l'endroit entamé, aussi le rat succombe-t-il toujours.

On estime que les rats de Montfaucon y sont au nombre d'environ cent mille: aussi, si on laisse la nuit dans un enclos, les cadavres des chevaux abattus dans la journée, le lendemain matin on les trouve entièrement dépouillés des chairs qui y étaient restées adhérentes.

M. Dussaussois a fait pratiquer dans les murs de son établissement des ouvertures, il laisse quelquefois deux ou trois carcasses de chevaux, et lorsque la nuit est déjà avancée, il vient en silence avec ses ouvriers, bouche extérieurement ces chattières avec des tampons solides, et pénétrant dans l'enceinte avec un bâton d'une main et une torche allumée de l'autre, ils assomment tous les rats qui s'y trouvent renfermés, en faisant descendre avec la torche ceux qui, plus hardis que les autres, cherchent à gravir après les murailles.

« En recommençant de la même manière à quelques jours d'intervalle, il est parvenu à en tuer 16050 dans l'espace d'un mois. Si l'on fait réflexion que la partie de l'établissement Dussaussois, où l'on fit cette chasse, n'est pas la vingtième de tout l'emplacement où se trouvent déposées des matières animales recherchées par les rats, s'il a suffi d'y déposer trois ou quatre carcasses pour les y attirer en si grande quantité, puisqu'on en tua un jour 2650, et 9101 en quatre chasses ; si malgré cela, le nombre, loin de diminuer, a paru en quelque sorte augmenter, on en conclura facilement que, s'il existe un peu d'exagération dans le nombre de cent mille auquel a été portée la quantité de ces animaux, on ne peut disconvenir qu'il doit s'en approcher beaucoup. »

« Il ne faut pas regarder comme une chose futile cette évaluation de la quantité de rats qui se trouvent dans le voisinage du clos de Montfaucon; il faudra au contraire y faire attention, lorsqu'il s'agira de les priver subitement de leur nourriture, en transportant l'équarrissage dans un autre endroit. »

« Ces animaux ont l'habitude de se creuser des terriers comme les mulots et les lapins; ils ont fait crouler toutes les murailles et toutes les constructions qui ont été élevées dans le voisinage, et ce n'est qu'à l'aide de précautions particulières et en garnissant de tessons de bouteilles, tout le pourtour des fondations d'une petite maison attenant au clos de Dussaussois, que le propriétaire est venu à bout de la conserver dans son intégrité. »

« Dans les fortes gelées, il est impossible d'équarrir les chevaux qui ont été abandonnés pendant un certain temps à l'air, et comme les débris sont eux-mêmes durcis, il devient alors difficile à ces rats de se procurer leur nourriture. Voici ce qui leur arrive dans ces circonstances rares dans nos climats. Ils pénètrent dans le corps de l'animal par la blessure, lorsqu'ils ont été saignés, ou par le fondement lorsque la peau est restée intacte: ils s'y établissent, le dévorent, en sorte que le dégel survient, l'ouvrier ne trouve au-dessous de la peau qu'un squelette mieux dépouillé de toutes ses parties molles qu'il n'eût pu l'être par le plus soigneux des préparateurs. »

« La fécondité de ces animaux est extrême : les femelles ont cinq ou six portées par an. Nous en avons ouvert plusieurs dans lesquelles nous avons trouvé quatorze, seize et jusqu'à dix-huit petits, il suffit de fouir légèrement la terre pour trouver des nichées qui répondent à ce nombre. Leur voracité et leur férocité dépassent tout ce qu'il est possible d'imaginer ; nous ne citerons, pour le prouver, que le fait suivant : M. Magendie avait été chercher lui-même douze rats, pour faire sur eux quelques expériences ; ils étaient renfermés dans une boîte. Arrivé chez lui, il n'en trouva plus que trois. Ils s'étaient dévorés les uns les autres, et n'avaient laissé que la queue et les débris de leurs semblables. »

Que deviendrait donc cette prodigieuse quantité de rats, si, comme il faut espérer que cela se fera bientôt, on déplaçait l'équarrissage? ils se répandraient sans doute dans le village de Belleville et dans une partie de Paris, et causeraient des dommages considérables et des désagréments graves, qu'il faudra donc éviter à l'époque où cet utile déplacement se fera. On a pensé à les empoisonner, mais cela est difficile, parce que, comme nous venons de le dire, ils sont très méfiants et ne touchent pas aux aliments qui leur paraissent douteux ou qui ont fait du mal à quelques-uns de leurs semblables. Il paraît que de petits morceaux d'éponges passés légèrement dans la friture, peuvent en détruire beaucoup; ils avalent ces éponges qui se gonflent dans leurs estomacs et les étouffent. Il est présumable aussi qu'étant affamés, ils se dévoreraient entre eux; mais le meilleur moyen de s'en débarrasser est indiqué dans le mémoire de la commission que j'ai déjà cité. Elle pense que M. Dussaussois a trouvé la meilleure manière de les détruire, il suffirait d'imiter cet homme intelligent. Il faudra donc ne pas cesser subitement l'équarrissage, mais continuer à le faire pendant quelque temps dans cette cour de Dussaussois et y laisser les débris; alors les rats ne trouvant plus de nourriture que dans ce seul endroit, s'y précipiteront en foule, et il serait de cette manière, très facile de les exterminer en quelques jours jusqu'au dernier. »

Les ouvriers retireront d'ailleurs un assez grand bénéfice de cette chasse, car maintenant les fourreurs utilisent les peaux de ces animaux et les achètent de 3 à 4 francs le cent, quand elles sont bien conservées.

LES ASTICOTS.

Une autre branche d'industrie, particulière à l'établissement de la voirie de Montfaucon, est la *fabrication* des *asticots* ou vers blancs, qui servent d'amorces aux pêcheurs; pour obtenir ces larves qui appartiennent spécialement à trois espèces de mouches : *musca cœsar*, *musca carniaria* et *musca vivapara*; on étale par terre, dans une partie du clos d'équarrissage, une couche peu épaisse d'intestins et de détritus de chevaux, que l'on recouvre de paille, pour les défendre de l'ardeur du soleil; bientôt les mouches, attirées par l'odeur que répand ce dépôt, y arrivent de tous côtés, s'introduisent à travers la paille, et y déposent leurs œufs, et en telle quantité, qu'en peu de jours, quand ils sont éclos, les matières déposées sont converties en myriades de vers, et ne laissent avec eux que quelques détritus assez semblables à du terreau.

On sépare à la main les plus gros de

ces détritus, on réunit les asticots, que l'on remue à la pelle et on les vend au litre.

Ce n'est pas le propriétaire du clos qui se livre directement à ce commerce, mais il afferme la permission de l'exercer, moyennant, ordinairement 30 francs par semaine, tant que dure la saison favorable; ce qui exige du soin et une connaissance spéciale de la nature de ces animaux, qui, sans certaines précautions, se métamorphoseraient promptement en mouches.

A mesure que les larves se développent par la fermentation du terreau, il se détermine dans cette masse une chaleur très forte, qui, avec l'ammoniac qui se dégage, tue les mouches à mesure qu'elles se forment. Cependant il en échappe un grand nombre, et des nuées de ces insectes attirent à Montfaucon toutes les hirondelles de Paris; certains jours de l'automne, ces oiseaux sillonnent en tous sens l'atmosphère et souvent l'obscurcisse par leur nombre; viennent alors les chasseurs qui veulent s'exercer, et il ne leur faut ni beaucoup d'adresse ni beaucoup de patience pour en faire un affreux carnage, car Montfaucon est funeste aux animaux de toutes sortes d'espèces.

Les asticots ne sont pas seulement vendus aux pêcheurs, une assez grande quantité sert à nourrir des faisans. Il paraît que ces larves ont la propriété d'engraisser la volaille d'une manière prodigieuse, et l'on a obtenu par ce moyen des résultats vraiment extraordinaires.

Montez maintenant sur la pointe de la butte Chaumont qui s'avance derrière les clos d'équarrissage, et vous découvrirez tout l'ensemble du canton qui vient d'être décrit par partie.

A droite, de grandes carrières de gypse, un bel établissement de four à plâtre, où le travail se fait par des moyens mécaniques et une fabrique de noir animal; à vos pieds les équarrissages dans toute leur horreur, moins cependant leur infection, qui ne vient pas vous repousser de ce point culminant; auprès, le terrain tremblant perforé par les rats; à gauche, d'anciennes exploitations de plâtre, et plus loin les bassins de la voirie; la chaussée du milieu avec ses équipages de vidangeurs, et ses *ravageurs* qui ramassent là tout ce qu'ils peuvent trouver de quelque valeur : derrière ces bassins, le grand étang de *Loiseau*, à la surface fermenteuse et livide ; ses digues, chaussées et batelets ; de chaque côté des dépôts de poudrette, dans tous les degrés de confection qu'elle subit avant son état parfait, et au bout de l'étang, la rue de Meaux, qui conduit aux beaux établissements de vidanges de MM. Richer et Domange.

Et puis comparez ce quartier avec celui de la Bourse, et mesurez la distance qui sépare d'aussi frappants contrastes ; là-bas la richesse, le luxe, tout ce que la ville renferme de plus gracieux, de plus séduisant, de plus animé ; ici, la misère, l'infection, la pourriture, la mort ; là-bas Paris : ici, le résidu de Paris.

BUTTE

SAINT-CHAUMONT.

BUTTE SAINT-CHAUMONT.

Détournons maintenant les yeux de tous les tableaux peu gracieux, qui viennent de les occuper, pour les porter sur le sommet qui domine tous les environs.

Aussi bien, je crois que c'était là le véritable but de mon excursion, et qu'une promenade géologique m'a conduit au travers de l'étrange pays que je viens d'essayer de décrire.

La butte Saint-Chaumont qui s'avance entre Belleville et Pantin, et dont la hauteur moyenne est de   mètres au-dessus des eaux de la Seine, n'a pas autant de célébrité sous le rapport géologique que la butte Montmartre; elle est moins élevée (a) et moins riche en *fossiles*; cependant elle offre encore beaucoup de curiosités à l'observateur, et mérite d'être explorée.

Le plateau offre peu de culture, sa surface est entièrement bouleversée, à chaque pas on rencontre des fontis, des

---

(a) Celle-ci a

précipices profonds, et tous les jours il s'en forme de nouveaux, aussi des écriteaux placés de distance en distance invitent les passants à ne pas traverser cette plaine dangereuse, où l'on est exposé à tout instant à être enseveli au fond des anciennes et vastes carrières qui perforent la butte en tous sens.

Il y a sur tous les points des environs de Paris des témoignages accusateurs de l'incurie de l'administration chargée de la surveillance des carrières, et la butte Montmartre, malgré les pressantes réclamations de ses habitants, voit de temps à autre disparaître quelques unes des maisons qui la couronnent et qui sont abîmées par des éboulements qu'un peu de soin aurait pu prévoir et prévenir.

Ces carrières servent de retraites nocturnes aux malfaiteurs, aux vagabonds, aux mendiants sans asile; pendant l'été ils y trouvent une fraîcheur agréable, en hiver ils s'étendent sur les fours à plâtre, et là des misérables des deux sexes, se procurent un chauffage que leur misère ne leur permet pas de trouver ailleurs; la police vient de temps en temps troubler le repos de cette partie nomade de la population parisienne et conduit en prison des bandes de quarante ou soixante.

Si les carrières sont dangereuses pour quelques propriétaires voisins et pour les promeneurs imprudents, elles offrent aux naturalistes, les moyens d'études les plus avantageux, et les pentes abrutes de la butte Saint-Chaumont montrent à découvert toutes les couches diverses qui la compose et permettent de les mesurer, d'en déterminer la nature et d'en extraire les fossiles marins ou lacustres qu'elles renferment.

Cette superposition de nombreuses couches, est une preuve évidente que depuis la formation du grand dépôt marin (le calcaire grossier) qui ne peut avoir été produit que par un très long séjour de la mer, ce pays a été fréquemment envahi, tantôt par les eaux douces, tantôt par celles de la mer, ces dernières ont laissé au milieu des dépôts qui renferment des coquilles d'eau douce, deux bancs d'huîtres très distincts. Le banc supérieur offre un nombre immense de petites huîtres brunes et minces; l'autre, qui en est séparé par un banc de marne blanche et lacustre, contient au contraire de grandes coquilles d'huîtres très épaisses, dont quelques unes ont jusqu'à 12 et 14 centimètres de longueur. Ces deux bancs marins se trouvent toujours à la même place dans les collines des environs de Paris les plus distantes entre elles. Ces huîtres ont vécues dans les lieux où elles sont encore, car on en retrouve de collées les unes aux autres comme dans la mer. Le banc vert qui se voit plus haut, ainsi que la masse considérable de sable et de grès, ne renferme ni coquilles, ni corps fossiles, mais on ne peut pourtant s'empêcher, par analogie, de les regarder comme une formation marine.

Les collines qui avoisinent Paris, ont donc dans le principe formé un seul et vaste plateau qui a été déchiré, raviné, et emporté en partie par des courants formidables.

Après avoir tracé le tableau des couches superposées qui composent la butte Saint-Chaumont, nous parlerons avec quelques détails des corps fossiles qu'elle renferme.

On voit d'abord, en commençant au sommet (*a*), un banc de marne argileuse verte, très épais, puis :

Marne argileuse jaune, 3 bancs.

Celui qui est inférieur contient un lit mince de coquilles cythérées, et au-des-

---

(*a*) Ces couches qui se retrouvent exactement dans le même ordre à Montmartre, en supportent, dans cette localité, plusieurs autres à peu près de même nature.

sous des rognons de strontiane sulfatée.

Gypse marneux, en lits onduleux, avec zône de calcaire friable.

Marne blanche compacte.

Marne calcaire fragmentaire.

Marne calcaire pesante.

Marne argileuse, friable, verdâtre, contenant quelques débris informes de poissons.

Marne calcaire sablonneuse.

Marne calcaire à fissures jaunes.

Marne argileuse verdâtre.

Marne calcaire, tendre, blanche, divisée par un petit lit de gypse.

Argile figuline, brun verdâtre.

Marne calcaire blanchâtre.

Marne calcaire compacte.

Marne argileuse brun verdâtre.

Marne calcaire blanche.

Marne calcaire jaunâtre, dont les fissures sont couvertes de dendrites et renferment des cristaux de sélénite.

Première masse de gypse.

Gypse marneux 1 banc, gypse impur, variable d'épaisseur et que les ouvriers nomment *chiens*.

Marne calcaire jaunâtre, rubanée.

Marne calcaire fissile, blanchâtre.

Gypse marneux, 2e banc.

Marne calcaire, blanchâtre, fragmentaire, contenant des débris de palmier fossile pétrifié en silex.

Gypse marneux, 3e banc.

Marne argileuse friable, jaunâtre.

Gypse marneux, 4e banc.

Marne calcaire blanchâtre.

Gypse marneux, 5e banc.

Marne calcaire tendre.

Gypse saccaroïde, c'est la première masse exploitée, les ouvriers l'appelle haute-marne, et la divise en plusieurs bancs, auxquels ils donnent des noms particuliers; les plus remarquables sont: les *Fleurs*, les *Moutons*, la *Petite-Corvée*, la *Bossue*, les *Ecuelles*, les *Brioches*, la *Grande-Corvée*, le *Gros Jaune*, le *Bien-venant*, le *Peloton* ou *Banc gris*, le *Blanc lit argenté*, *Banc sableux*, *le Bataillon*, *Banc de trois pieds*, les *Roussels*, les *Heurs*, le *Gros banc*, les *Hauts-Piliers* (en prismes verticaux) les *Hautes-Urines* et les *Foies-de-cochon*, les *Pots-à-beurre*, et les *Crottes d'âne*, les *Piliers-noirs*, les *Basses-Urines*, les *Fusils*. Cette dernière assise de la première masse est remarquable par les silex cornés qu'elle contient.

Gypse laminaire, jaune d'ocre, à grandes lames, mêlés de marne argileuse sablonneuse.

Gypse jaunâtre, friable.

Seconde masse.

Gypse friable, *pélage* des ouvriers.

Marne calcaire feuilletée.

Gypse compacte, *tête de moine.*

Marne calcaire friable.

Gypse saccaroïde (*les œufs*), couche exploitée.

Marne calcaire compacte.

Marne calcaire assez compacte.

Marne argileuse verdâtre (*Souchet*); c'est cette marne qui est vendue dans Paris, sous le nom de pierre à détacher, on y trouve aussi de gros rognons de strontiane sulfatée.

Gypse impur (*les chiens*).

Marne calcaire, compacte.

Marne argileuse feuilletée (*les foies*).

Marne calcaire (*les cailloux*).

Marne argileuse, grise.

Gypse impur, ferrugineux.

Gypse compacte; sa partie inférieure renferme des grains arrondis de sable calcaire.

Sélénite laminaire (*les laines*).

Gypse compacte (*les moutons*).

Sélénite laminaire (*les couennes*).

Marne calcaire blanche (*les coffres*).

Gypse et sélénite cristallisés, confusément (*gros bousin*).

Gypse très compacte (*tendrons du gros bousin*).

Gypse très compacte (*clicart*).

Gypse saccaroïde feuilleté (*petits tendrons*).

Gypse saccaroïde compacte (*pilotin*).

Sélénite cristallisée (*petit bousin*).

Gypse saccaroïde (*gros tendron ou tête de gros banc*).

Gypse saccaroïde compacte (*gros banc*).

Sélénite cristallisée confusément (*grignard du gros banc*).

Gypse saccaroïde compacte (*les nœuds*).

Gypse impur rougeâtre (*les ardoises*).

Gypse saccaroïde compacte (*les rousses*).

Troisième masse.

Marne calcaire (*le souchet*).

Marne argileuse verte, feuilletée (*les foies*).

Marne calcaire blanche (*marne dure*).

Gypse compacte (*les couennes et les fleur)s.*

Gypse compacte.

Sélénite laminaire (*les pieds d'alouette*).

Marne argileuse feuilletée.

Gypse compacte (*pain de quatorze sous*).

Marne calcaire.

Marne argileuse feuilletée, verdâtre.

Marne calcaire blanche.

Gypse compacte.

Marne calcaire jaunâtre; la partie de ce banc remarquable, renferme un grand nombre de coquilles marines, qui sont analogues à celles de grignon.

Gypse compacte.

Marne argileuse feuilletée.

Gypse compacte (*banc rouge*).

Marne calcaire blanche friable.

Marne argileuse feuilletée (*les foies*).

On y voit des empreintes brunes de corps rameux, qui ressemblent à des fucus.

Calcaire grossier dur (*cailloux blancs*)

Gypse impur compacte.

Calcaire grossier tendre (*souchet*). Ces trois dernières couches renferment des coquilles.

Marne argileuse feuilletée.

Gypse impur.

Gypse compacte (*pierre blanche*).

Marne calcaire blanche. On ne connait pas l'épaisseur de ce dernier banc.

La troisième masse, qui est très distincte à Montmartre, présente des coquilles marines, au milieu des marnes du gypse et du gypse même. On ne peut donc douter que les premières couches du gypse n'aient été déposées dans un liquide analogue à la mer, puisqu'il nourrissait les mêmes espèces d'animaux.

Outre les coquilles, poissons, fossiles, etc., dont nous avons signalé l'existence dans les marnes marines, et dans le gypse lui-même, on trouve également des ossements d'animaux terrestres tombés eux-mêmes dans l'état de fossiles; on les rencontre à des profondeurs très considérables, et dans le sein du gypse le plus dur.

Les coquilles d'eau douce, qui, presque toutes, sont du genre des *limnées* et des *planorbes*, offre peu de différence avec les espèces qui vivent aujourd'hui dans les mares et se trouvent surtout en grand nombre, parfaitement conservées, dans les couches les plus inférieures de la marne qui est découverte dans la carrière qui regarde le nord et qui est située après Pantin.

« C'est spécialement dans la masse gypseuse qu'on trouve les ossements, et quelquefois les squelettes entiers des quadrupèdes les plus anciens du globe et inconnus aujourd'hui dans la nature vivante. Ils ont vécu sur le bord des eaux qui ont déposé ces terrains, et ne parurent sans doute qu'à la fin de cette époque, puisqu'on ne les retrouve jamais dans les deux masses inférieures; pourtant, leur race a dû se soutenir longtemps dans notre pays, car la masse qui les renferme a, dans quelques endroits, jusqu'à vingt mètres d'épaisseur. Les débris de ces animaux, recueillis et assemblés par l'immortel Cuvier, lui ont permis d'en reconnaître et d'en déterminer les espèces.

Le grand Palæotherium (a) « avait la taille d'un cheval, mais il était plus trapu ; sa tête était plus massive, ses extrémités plus grosses et plus courtes.

Le petit Palæotherium, plus petit qu'un chevreuil, avait les jambes grêles et légères.

Le Palæotherium moyen devait ressembler à un tapir à jambes grêles.

L'Anoplotherium commun. « Sa hauteur, au garrot, était assez considérable ; elle pouvait aller à plus de trois pieds et quelques pouces ; mais, ce qui le distinguait le plus, c'était son énorme queue ; elle lui donnait quelque chose de la stature de la loutre, et il est très pro-

---

(a) Cuvier.

bable qu'il se portait souvent, comme ce carnassier, sur et dans les eaux, surtout dans les lieux marécageux.

L'Anoplotherium léger devait avoir un peu plus de deux pieds de hauteur au garrot, et égaler le chamois en hauteur, bien que sa tête et ses os ne soient pas si gros. « Mais cela tient à l'excessive élongation de ses membres. Sa tête égale à peine celle de la corine. On voit qu'autant les allures de l'*Anaplotherium commun* étaient lourdes et traînantes lorsqu'il marchait sur la terre, autant le léger devait avoir d'agilité et de grâce. Léger comme la gazelle ou le chevreuil, il devait courir rapidement autour des marais ou des étangs, où nageait la première espèce. Il devait y paître les herbes aromatiques des terrains secs, ou brouter les pousses des arbrisseaux. Sa course n'était point sans doute embarrassée par une longue queue, mais, comme tous les herbivores agiles, il était probablement craintif, et de grandes oreilles très mobiles, comme celles du cerf, l'avertissaient du moindre danger. Nul doute, enfin, que son corps ne fut couvert d'un poil ras, et, par conséquent, il ne nous manque que sa couleur pour le peindre tel qu'il animait jadis cette contrée, où il a fallu en déterrer, après tant de siècles, de si faibles vestiges.

Un grand nombre d'autres espèces d'animaux divers, mais moins remarquables, se trouvent encore dans le gypse; ce sont : une espèce de raton, presque aussi grand qu'un loup; un animal du genre *canis*; une sorte de genette; des civettes et sarigues : les carapaces de tortues y sont assez communes, et on y a trouvé les débris d'un oiseau.

Ce lieu peut donc être visité avec intérêt, non seulement par ceux qui se livrent spécialement à l'étude de la géologie, mais encore par les personnes qui aiment à acquérir quelques connaissances des sciences naturelles, et donner à leurs promenades un but utile et instructif.

La butte Saint-Chaumont est encore un des points des environs de Paris, qui offre les souvenirs historiques les plus intéressants à la mémoire des habitants de la capitale, comme celui qui, en 1814, a été le principal théâtre de la valeur française, et où la défense a été la plus opiniâtre, les combats plus terribles et le sang répandu avec plus d'abondance, c'est là que les armées alliées ont été repoussées avec le plus de succès, et que, sans la trahison qui leur servait d'auxiliaire, elles eussent peut-être été forcées de commencer une honteuse et désastreuse retraite, qui eut sauvé Paris et la France du joug humiliant qui a été la suite de leur victoire.

« Les élèves de l'École polytechnique avaient sollicité et obtenu du gouvernement la permission de servir momentanément, pour contribuer à la défense de ce pays qu'il n'était plus possible de préserver de l'agression des étrangers. La direction de l'artillerie destinée à fortifier la butte Saint-Chaumont, avait été confiée à une partie de ces braves jeunes gens, tandis qu'une autre était placée aux batteries de la barrière du Trône. Le 29 mars

1814, on les vit traverser Paris en bon ordre, et se rendre gaîment à leurs postes. Le lendemain, ils furent attaqués par les différents corps russes et prussiens qui se dirigeaient contre le duc de Raguse, lequel avait pris position à Belleville. Ils répondirent à cette agression avec toute la prudence et le sang-froid de vieux militaires consommés dans l'art de la guerre. Puissament aidés pas les troupes de ligne, qui comme eux occupaient la butte, ils repoussèrent plusieurs fois les ennemis, et les empêchèrent de s'emparer du poste qu'ils avaient juré de défendre; faisant eux-mêmes l'office de canonniers et d'artilleurs; ils pointaient leurs pièces avec tant de précision, qu'à chaque bordée ils portaient le carnage et la mort dans les rangs ennemis. En vain plusieurs tombent à côté de leurs pièces, en vain à chaque instant le nombre des assaillants redouble, ils restent fermes et s'obstinent à continuer un combat que l'excès de la valeur rendait seul égal. Les troupes de toute la ligne française cessèrent leur belle résistance, lorsque le duc de Raguse leur en eut envoyé l'ordre. Belleville, où était le duc, avait vu l'ennemi se battre dans ses rues, avec les troupes françaises; et les hauteurs de Saint-Chaumont défendues par les élèves de l'École polytechnique, ne furent occupées par les alliés que lorsque la trêve demandée par le maréchal Marmont eut été obtenue.

Cette belle défense de la butte Saint-Chaumont fut admirée même par les alliés, et l'empereur Alexandre le témoigna hautement, en recevant une députation des élèves de l'École polytechnique.

En 1815, Napoléon fit exécuter sur cette butte de grands travaux de défense, la garde nationale de Paris, des citoyens de toutes les conditions y vinrent en foule et travaillèrent avec un extrême enthousiasme et un grand patriotisme. Une masse énorme de terre y fut remuée, des remparts, des fossés s'étendirent sur la ligne qui domine la plaine, une formidable artillerie garnit tous ces retranchements, mais l'ennemi ne jugea pas prudent d'attaquer cette redoutable position, et tourna la ville pour s'y présenter du côté opposé, où, cependant, il eut sans doute éprouvé une forte résistance, et peut-être une défaite complète, s'il n'eût encore été servi et secondé par la trahison manifeste des uns et l'intérêt personnel des autres, qui s'empressèrent de faire une honteuse capitulation, capitulation violée, à la suite de laquelle nos musées furent dévastés, nos monuments mutilés, et le brave maréchal Ney assassiné.

NOTES.

NOTES.

(1) « Guillaume III, évêque de Paris, étant parvenu à convertir plusieurs filles publiques, les réunit dans une maison ou hôpital alors situé hors de Paris, et sur un

terrain dépendant de Saint-Lazare. Cet hôpital se construisait en 1226, lorsque l'abbé de Saint-Martin-des-Champs et le curé de Saint-Laurent s'opposèrent à son établissement ; mais enfin, entraînés par les prières de personnes recommandables, ils permirent, à de certaines conditions, l'érection de cet hôpital, auquel fut donné le nom singulier de *Filles-Dieu*. Le but de cette fondation était de *retirer des pécheresses qui, pendant toute leur vie, avaient abusé de leur corps, et, à la fin, étaient en mendicité.*

« Joinville dit que Saint-Louis fit bâtir « au-dehors de Paris, sur le chemin de « Saint-Denis, la maison des Filles-Dieu, « et fit mettre grand multitude de femmes « en l'ostel qui, par pauvreté, estaient « mises en péché de luxure, et leur

« donna quatre cents livres de rente « pour elles soustenir. »

Le nombre de ces pécheresses se monta à plus de deux cents. A la ferveur, qui toujours se manifeste au commencement de toute institution religieuse, succéda le relâchement; elles s'acquittèrent avec négligence et dégoût du service de l'hôpital confié à leur soin. En 1280, la peste ayant fait périr une partie de ces religieuses, et le prix du pain étant excessif, les officiers du roi ne voulurent plus alors leur payer leur rente de quatre cents livres, et la réduisirent à deux cents. Le roi Jean, sensible aux plaintes de ces religieuses, leur accorda les quatre cents livres, et fixa le nombre des religieuses à cent.

La maison des Filles-Dieu fut ravagée

et détruite par les Anglais sous le règne de Charles V. Ces religieuses cherchèrent alors un asile dans l'intérieur de Paris.

Dans la rue Saint-Denis, il existait un *hôpital*, ou *maison de Dieu*, fondé vers l'an 1216, sous le titre de *Sainte-Madeleine*, par Imbert de Lions, bourgeois de cette ville, destiné à recevoir, pendant une nuit, les femmes mendiantes qui passaient à Paris. Le lendemain matin on les renvoyait en leur donnant un pain et un denier.

Les Filles-Dieu s'accommodèrent de cet établissement, et y firent bâtir des édifices convenables. Mais, peu de temps après, le désordre, dans ce nouveau local, s'introduisit encore parmi les religieuses. Les bâtiments tombaient en ruines; le nombre des religieuses diminua ; l'hôpital fut abandonné ; le service divin ne se faisait plus. Charles VIII donna, en 1483, cette maison et ses revenus à l'ordre de Fontevraud, à condition que cet ordre y placerait des religieuses qui, chaque année, célébreraient la fête de Saint-Louis, fondateur, et un service pour lui. Le 15 juin 1495 seulement, furent installés, dans ce couvent, huit religieuses et sept religieux de l'ordre de Fontevraud : on sait que, dans cet ordre, fondé par Robert-d'Arbriselle, les religieuses vivent en communauté avec les religieux, et qu'elles ont l'autorité sur eux.

La communauté des Filles-Dieu étant régénérée, on entreprit, dès l'an 1496, la construction d'une nouvelle église, qui fut achevée en 1508; elle a existé jusqu'à la révolution ; elle n'offrait rien de remarquable.

Le 24 mars 1648, ces religieuses éprouvèrent un assaut, auquel les couvents de filles ont souvent, à Paris, été exposés. Les sieurs de Charmoy et de Saint-Ange, masqués, armés et accompagnés d'une nombreuse suite, entrèrent pendant la nuit, avec violence, dans leur couvent, et y exercèrent plusieurs *voies de fait et violemment*, lit-on dans les registres manuscrits du parlement.

Une demoiselle de Sainte-Croix, innocente ou complice, était le but principal de ces violences.

DULAURE. *Histoire de Paris.*

(2) Après l'assassinat du connétable de Clisson, les biens de Pierre de Craon

furent confisqués, son hôtel fut démoli, et l'emplacement fut donné pour servir de cimetière à la paroisse de Saint-Jean : on a changé depuis ce cimetière en marché. Il obtint sa grace en 1395, à la prière du roi d'Angleterre, et devint dévôt. Il paraît qu'en s'enfuyant, après son assassinat, il avait eu bien peur d'être pris et de mourir sans confession; et qu'il s'en ressouvint très chrétiennement lorsqu'il fut revenu à la cour, car il sollicita vivement auprès du roi, et obtint enfin une déclaration en date du 12 février 1396, par laquelle on abolissait la coutume de refuser des confessions aux criminels condamnés à mort. Sous le règne précédent, Philippe de Mézières, aussi pitoyable que Craon pour les scélérats, avait inutilement sollicité une pareille déclaration. *Le chief du conseil*, dit-il lui-même dans un de ses ouvrages, *se trouva si obstiné et de si forte cervelle à l'encontre, et aucuns autres du conseil, qu'on aurait plutôt fait retourner la roue d'un moulin, que cet endurci à se retraire de son opinion.* Le chancelier et *ces aucuns autres du conseil* croyaient sans doute, et avaient raison, que le refus de la confession était une barrière de plus contre le crime. »

(SAINTFOIX, *Essais historiques sur Paris.*)

(3) « Tous les historiens conviennent que le prieur de Montfaucon, près de Toulouse, et Noffodei Florentin, qui furent les délateurs des Templiers, étaient deux scélérats que le grand-maître (Jacques de Molay) avait condamnés pour

crime d'hérésie, et, attendu la vie honteuse qu'ils menaient, à finir leurs jours en prison. Ces deux misérables firent dire à Enguerrand de Marigny, que, si on voulait leur promettre la liberté et leur assurer de quoi vivre, ils découvriraient des *secrets dont le roi pourrait tirer plus d'utilité que de la conquête d'un royaume.* Ce fut sur les dépositions de ces deux hommes que les Templiers, qui se trouvaient en France, furent tous arrêtés à jour marqué, le 13 octobre 1307; Guillaume de Nogaret, si connu par la violence de son caractère, et Guillaume de Paris, dominicain, confesseur du roi et revêtu du titre d'inquisiteur, se chargèrent de donner à la poursuite de cette affaire toute l'activité possible.

. . . .

« Il est certain que les Templiers s'étaient livrés au faste, au luxe, à une vie molle et voluptueuse; que leur valeur, leur naissance, la gloire dont ils s'étaient couverts dans tant de combats, et d'immenses revenus, leur inspiraient un orgueil, un ton d'indépendance qui n'avait pu que déplaire infiniment à tous les souverains; qu'à l'occasion de leurs privilèges et de leurs possessions ils avaient eu des démêlés très vifs avec la plupart des évêques; que leurs railleries continuelles sur la fainéantise et les fraudes pieuses des moines, leur avaient attiré de dangereux ennemis; et qu'enfin, Philippe-le-Bel les accusait d'avoir envoyé des secours d'argent à Boniface VIII, pendant ses différends avec ce pape, et de tenir en toute occasion des discours séditieux sur sa conduite et sur celle de ses deux favoris, Enguerrand de Marigny et Etienne Barbette, prévôt de Paris et maître des monnayes. »

« Marigny était de ces hommes qui se qualifient ministres d'un état et qui n'en sont que les tyrans, sous l'autorité d'un maître dont ils corrompent l'équité naturelle en flattant toutes les passions. Ne pouvant plus imaginer de nouveaux impôts, il avait eu recours à la plus pernicieuse de toutes les ressources : l'affaiblissement et le haussement des monnaies. Les changements qu'il y fit devinrent si fréquents et furent portés à un tel excès, que la populace de Paris se souleva, pilla la maison de Barbette, maltraita dans les marchés les pourvoyeurs du roi, l'investit lui-même dans le Temple où il logeait alors, et empêcha pendant trois jours qu'on n'y portât des vivres; Barbette et Marigny accusèrent les juifs et les Templiers d'avoir fomenté cette sédition. Jamais prince ne fut plus fier que Philippe-le-Bel, et sa fierté le rendait implacable dans sa haine; d'ailleurs il était avide, dépensier, toujours pressé d'argent, et par conséquent obligé de se faire souvent illusion sur les moyens que ses ministres employaient pour en trouver. Il ne leur fut pas difficile de lui faire adopter le projet d'une vengeance qui pourrait faire entrer dans ses coffres la dépouille des juifs et une partie des richesses que les Templiers avaient apportées de l'Orient. Bientôt le bruit se répandit dans Paris que les juifs avaient outragé une hostie, profané des vases sacrés et crucifié des enfants le jour du Vendredi-Saint; le peuple, qui aime à croire tout ce qui peut exciter sa fureur, ne tarda pas à crier qu'il fallait exterminer ces ennemis du nom chrétien. Le ministère les fit tous arrêter dans un même jour, 22 juillet 1306; leurs biens furent confisqués; on ne laissa à chacun que ce qu'il lui fallait pour les conduire hors du royaume. L'année suivante, on arrêta de la même manière tous les Templiers qui se trouvèrent en France, et le terrible tribunal qu'on érigea contre eux dans chaque province, fut composé des évêques et des moines; l'archevèque de Sens, frère d'Enguerrand de Marigny, présidait celui de Paris. »

SAINTFOIX, *Essais historiques.*

(4) « Jean Montaigu, vidame de Laonnais, fils d'un maître des comptes du roi de France, eut la principale administration des affaires sous Charles V et sous Charles VI. Le dernier lui confia la surintendance des finances, emploi qui lui procura de grands biens et encore plus d'ennemis. Montaigu, né avec un esprit emporté, superbe et violent, se fit revêtir de la charge de grand-maître de France en 1408, obtint l'archevêché de Sens et l'évêché de Paris pour ses deux frères, méprisa et irrita les premières personnes du royaume. Le duc de Bourgogne, de concert avec le roi de Navarre, qui détestait en lui son attachement pour la reine et pour la maison d'Orléans, lui imputèrent divers crimes, et le firent arrêter comme coupable, le

7 octobre 1409, pendant la maladie de Charles VI, et jugé par des commissaires. . . . .

« Un siècle après la mort de Montaigu, François Ier, visitant l'abbaye de Marcoussi, demanda aux religieux le nom de leur fondateur. Ayant appris que c'était Montaigu, il leur dit qu'il ne pouvait s'empêcher d'être surpris de sa fin tragique, et ajouta « que l'arrêt qui « permettait de lui rendre les honneurs « de la sépulture faisait présumer qu'il « avait été mal jugé. — Sire, répondit « un Célestin, il n'a pas été jugé par « des juges, mais par des commissaires. » On dit que le roi, frappé de cette réponse, fit serment sur l'autel de ne jamais faire mourir personne par commission. »

Dictionnaire Universel.

(5) « Le 24 août, jour de la St.-Barthélemi, 1572, le duc de Guise, bien escorté, marcha à la maison de l'amiral de Coligny; une troupe d'assassins, à la tête desquels était un certain Besme, domestique de la maison de Guise, entra l'épée à la main, et trouva le maréchal assis dans un fauteuil. « Jeune homme, dit-« il à leur chef, d'un air calme et tran-« quille, tu devrais respecter mes che-« veux blancs; mais fais ce que tu vou-« dras, tu ne peux m'abréger la vie que « de quelques jours. » Ce malheureux, après l'avoir percé de plusieurs coups, le jeta par la fenêtre dans la cour de sa maison, où le duc de Guise attendait. Coligny tomba aux pieds de son lâche ennemi, et dit en expirant : « Au moins « si je mourais de la main d'un honnête

« homme et non pas de celle d'un gou-
« jat ! » Besme, lui ayant marché sur le corps, dit à sa troupe : « C'est bien « commencé, allons continuer notre « besogne. » Son cadavre fut exposé à la fureur du peuple, et enfin pendu par les pieds au gibet de Montfaucon. Un italien lui ayant coupé la tête pour la porter à Catherine de Médicis, cette princesse la fit embaumer et l'envoya à Rome.

(6) Montmorency, neveu de Coligny, l'enleva du gibet et le fit d'abord déposer dans la chapelle du château de Chantilly. Porté ensuite au château de Châtillon, son ancienne demeure, ses restes restèrent dans l'oubli sans autre ornement que le souvenir de ce grand homme, jus-

qu'au 18 août 1786, époque à laquelle Montesquiou les obtint du duc de Luxembourg, seigneur de Châtillon, et les fit transporter dans sa terre de Maupertuis et déposer dans un sarcophage de marbre noir, élevé dans une chapelle sépulcrale de forme antique, taillée dans le grès, qu'il avait fait construire exprès dans son parc, au bord de la rivière; des inscriptions retraçaient aux voyageurs les hauts faits et les malheurs de celui qu'elle renfermait.

« Après la mort de Montesquiou, et à la suite de la révolution, ce monument précieux passa au Musée impérial des monuments français, par les soins de l'administrateur M. Alexandre Lenoir, qui en fit l'acquisition d'un propriétaire ignorant qui en avait déjà commencé la démolition.

(7) On appelait *Récluses* des filles ou des veuves qui se faisaient bâtir une petite chambre joignant ordinairement le mur de quelque église. La cérémonie de leur réclusion se faisait avec un grand appareil : l'église était tapissée ; l'évêque célébrait la messe pontificalement, prêchait et allait ensuite lui-même sceller la porte de la petite chambre après l'avoir bien aspergée d'eau bénite. On n'y laissait qu'une petite fenêtre par laquelle la pieuse solitaire entendait l'office divin et recevait les choses nécessaires à la vie. On connait les noms de plusieurs des dévotes qui se sont ainsi séquestrées du monde : Jeanne la Vodrière, qui s'y

enferma le 11 octobre 1442; Alix la Burgotte, qui y mourut le 29 juin 1466; Agnès du Rochier, âgée de 18 ans, très jolie et fille unique d'un riche marchand de la rue Thibautodé qui lui avait laissé beaucoup de biens, se fit récluse à la paroisse de Sainte-Opportune, le 5 octobre 1403, et y mourut à l'âge de 98 ans.

Il y avait aussi des récluses forcées; telle était Renée de Vandomois, femme noble, adultère, voleuse, qui fit assassiner son mari nommé Marguerite de Saint-Barthlemi, seigneur de Souldai; le roi, en 1485, lui fit grâce de la vie, et le Parlement la condamna à demeurer perpétuellement récluse au cimetière des Innocents.

M. V. Hugo, dans sa *Notre-Dame de*

Paris, dépeint avec une grande vérité la récluse ou sachette de la place de Grève.

(8) « L'entreprise de l'enceinte actuelle de Paris était toute fiscale. Les fermiers-généraux, pour arrêter les progrès de la contrebande, et assujétir aux droits d'entrée un plus grand nombre de consommateurs, obtinrent, en 1784, du ministre Calonne, l'autorisation de renfermer la ville dans une vaste muraille. Les travaux commencèrent au mois de mai de cette année, du côté de l'hôpital de la Salpétrière. Malgré les oppositions de quelques personnes puissantes, dont les intérêts étaient lésés, on continua l'exécution de ce projet et on encerra les boulevarts neufs.

« Lorsqu'en 1786, l'enceinte du midi

de Paris fut terminée et que l'on eut entrepris celle du côté du nord, qu'on eut englobé les villages de Chaillot, du Roule, de Monceaux, de Clichy, et qu'on attaqua le territoire de Montmartre, les habitants et l'abbesse de ce village firent de vives réclamations qui obligèrent les entrepreneurs à faire subir à la ligne de circonvallation une inflexion, un angle rentrant qui se remarque entre les barrières de Clichy et de Rochechouart.

« Lorsqu'à la fin de cette année, on s'occupa de jalonner le village de Picpus, un propriétaire, le fils du peintre Restout, s'opposa tant qu'il put à cette usurpation, et quand il demanda de quel droit on lui enlevait sa propriété, un maître des requêtes, nommé Colonia, lui répondit sottement : « *Par le droit*

« *canon.* » La muraille fut continuée.

« Les parisiens, s'aperçevant qu'on les emprisonnait, firent, comme c'était alors leur usage, éclater leur mécontentement par des vers et des bons mots; tel fut celui-ci :

Le mur murant Paris rend Paris murmurant.

« On fit aussi l'épigramme suivante, qui n'emporta point la pièce :

Pour augmenter son numéraire,
Et raccourcir notre horizon,
La ferme a jugé nécessaire
De mettre Paris en prison.

« Les portes ou barrières d'entrée, élevées sur les dessins de l'architecte Ledoux, le furent avec une magnificence très déplacée, parce que, pour des bureaux et des commis de barrières, il ne faut ni vaste édifice, ni temple, ni palais; d'ailleurs, cette magnificence était intempestive à une époque où les finances de l'Etat se trouvaient dans une situation déplorable; elle devenait insultante pour le peuple, qui se voyait forcé de payer les frais de son supplice et d'en admirer les formes. »

DULAURE, *Histoire de Paris.*

(9) On a calculé que les fosses des latrines de Paris contenaient, avec les eaux de ménage qui y sont jetées, une quantité de matière répondant à deux litres par habitant.

La population étant de 910,000 ames, le produit est donc de 1,820,000 litres ou 1,820 mètres cubes par jour; ce qui fait 664,300 mètres cubes par an; le prix moyen de la vidange étant de 8 francs le mètre cube, cette industrie rapporte à peu près 5,314,400 francs par an.

Sur les 1,820 mètres apportés chaque jour à la voirie, il ne reste guère dans les bassins supérieurs qu'un dixième de cette quantité; donc, il s'écoule dans la rivière 182 mètres cubes par jour, moins cependant ce qui s'évapore de la surface des grands bassins inférieurs.

Ces bassins ont encore l'inconvénient de filtrer des urines qui empestent tous les puits voisins, et à un tel degré que l'eau qu'on en tire fait périr les plantes qui en sont arrosées.

Depuis quelques temps les entrepreneurs de vidanges ont arrêté des prix uniformes pour l'enlèvement des matières, et on a, à cet effet, divisé la ville de Paris en quatre circonscriptions dont la barrière du Combat est le centre.

La 1re circonscription A comprend toutes les maisons situées entre le mur d'enceinte et une ligne partant de la barrière Poissonnière à celle des Trois-Couronnes, en suivant la rue du Faubourg-Poissonnière, les boulevarts Bonne-Nouvelle, Saint-Denis, Saint-Martin et du Temple, les rues d'Angoulême, des Trois-Bornes, des Trois-Couronnes.

Le prix de la vidange faite dans cette limite est de 7 francs le mètre cube.

La 2me circonscription B :

De la barrière Montmartre à celle d'Aulnay, en suivant les rues Pigale, du

Houssaye, Taitbout, Grammont, Vivienne, de la Vrillère, Coquillère, Traînée, de la Lingerie, de la Ferronnerie, Reynie, Ognard, Saint-Méry, Ste-Croix-de-la-Bretonnerie, du Roi-de-Sicile, des Ballets, St.-Antoine, de la Roquette.

Le prix dans cette limite est de 7 francs 50 cent. le mètre cube.

La 3me circonscription C :

De la barrière de Monceaux à celle du Trône en suivant les rues du Rocher, d'Anjou, des Champs-Elysées, la place de la Concorde, les rues de l'Université, Jacob, de Seine, des Boucheries, de l'Ecole-de-Médecine, des Mathurins, la place Cambrai, les rues St.-Hilaire, de Judas, Traversine, de l'Anglade, des Boulangers, de Cuvier, le quai St.-Bernard, le Pont-d'Austerlitz, les rues Villiot, de Rambouillet, Petite-de-Reuilly, place du Trône.

Le prix dans cette limite est de 8 francs.

Le 4me circonscription D :

Comprend tout le reste de la ville, entre la précédente limite et les chemins de ronde depuis la barrière de Monceaux jusqu'à celle du Trône.

Le prix de la vidange dans cette dernière partie est de 9 francs le mètre cube.

(10) « Ce mot, *èquarrissage*, ne se trouve dans aucun des anciens dictionnaires, on le voit pour la première fois, dans celui de Boiste, qui prétend que l'on peut écrire indifféremment *écarrissage* et *équarrissage.* Il paraît qu'il n'a

été adopté dans les ordonnances de police que dans le milieu du siècle dernier. Quel peut être son étymologie? Nous l'ignorons. A-t-on assimilé un cheval à un tronc brut qu'un bûcheron façonne et dégrossit? A-t-on voulu faire allusion à la forme tout-à-fait carrée que présente un cheval quand, dépouillé et mis sur le dos, les quatre membres ont été luxés et écartés en dehors? La première de ces suppositions paraît d'autant plus exacte que, dans la pêche de la baleine, ce sont les charpentiers des vaisseaux qui sont chargés de dépecer le poisson à coups de hache, et de l'*équarrir*, suivant les expressions de ce métier.

« Les ouvriers actuels tiennent beaucoup au nom d'*équarrisseurs*, et regarderaient même comme offensant celui d'*écorcheurs*, qu'on leur donnait anciennement et que conservent encore leur confrères de province. » Il reste aussi à ceux qui font profession de tirer parti des chiens et des chats.

(11) Tous ces détails sont tirés d'un volume intitulé : Recherches et considérations sur l'enlèvement et l'emploi des chevaux morts et de la nécessité d'établir à Paris un clos central d'équarrissage, tant pour les avantages de la salubrité publique que pour ceux de l'industrie manufacturière de cette ville. Travail demandé par M. Delavau, préfet de police, et exécuté par une commission spéciale.

C'est le consciencieux auteur de l'ouvrage sur la prostitution dans la ville de

Paris, M. *Parent-Duchatelet*, qui a rédigé ce mémoire rempli de données précieuses et intéressantes.

(12) Les observations de la commission chargée d'examiner l'équarrissage en 1827, sont très curieuses sous le rapport de la santé des ouvriers de ces établissements et de ceux qui sont exposés aux émanations qui en sortent. Les faits sont en contradiction avec toutes les idées que l'on peut avoir à ce sujet.

Les ouvriers ne sont jamais malades, les émanations qu'ils respirent continuellement, loin de leur être nuisibles, contribuent à leur bonne santé. J'ai extrait du rapport de la commission la scène qui représente une femme de l'équarrissage, qui fait servir une carcasse de cheval de berceau à son enfant, parce que cette scène a été copiée sur nature.

En 1810, MM. Deyeux, Parmentier et Pariset, chargés de faire un rapport sur le clos d'équarrissage qui existait à cette époque à la Gare, furent surpris de la brillante santé de la femme et des cinq enfants du nommé Frard, qui travaillaient toute l'année dans leur clos et couchaient dans le lieu même, où il fut impossible aux membres de la commission de pénétrer, à cause de l'excessive infection qui s'en exhalait.

« Les chances de longévité sont-elles moins favorables pour eux que pour les autres artisans? Tout semblerait prouver le contraire. On voit plusieurs équarrisseurs qui ont 60 et 70 ans, et qui sont peut-être les plus forts et les plus agiles de tous ceux qui travaillent dans les clos de Montfaucon. Le nommé Loiseau est mort à 84 ans.

« Les étrangers qui viennent souvent ou même tous les jours au clos, et qui y restent plus ou moins longtemps, n'en sont point incommodés. »

(13) Non seulement la chair du cheval est très bonne pour la nourriture de l'homme, mais un très grand nombre de faits prouvent que celle qui provient d'animaux malades, de chevaux morveux, n'est aucunement nuisible et que ces maladies, quoique contagieuses, n'attaquent que certains organes sans altérer la bonne qualité de la chair musculaire.

(14) Le nouvel abattoir pour les chevaux est situé dans la plaine Saint-Denis, sur la gauche du chemin de traverse qui conduit de la Chapelle à Aubervilliers et à peu de distance du canal de l'Ourcq.

C'est un établissement spécial et complet qui se compose de deux vastes bâtiments parallèles, dallés en pente et longés par des caniveaux couverts pour l'écoulement des liquides.

Sur le mur qui entoure tout l'abattoir sont des hangards, des écuries, un réservoir et une fonderie; du côté du chemin et de la porte d'entrée deux pavillons pour les bureaux et le logement d'un concierge.

Ainsi tous les inconvénients qu'offre

l'écorcherie actuelle, disparaîtront dans ce nouvel établissement, et ce qui s'y fait sera dérobé à la vue des passants.

FIN.

TABLE.

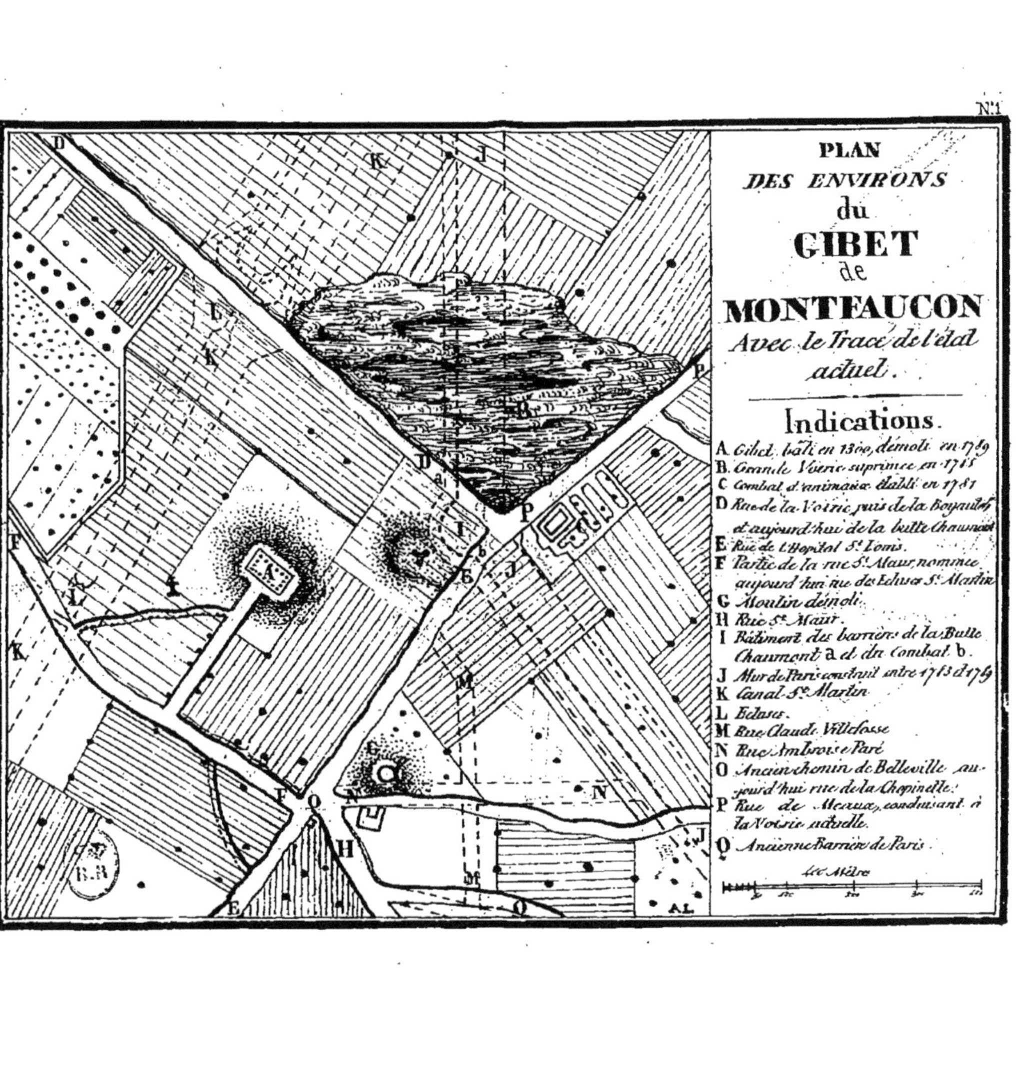
N.º 1
PLAN
DES ENVIRONS
du
GIBET
de
MONTFAUCON
Avec le Tracé de l'état
actuel.
Indications.
A. Gibet bâti en 1300, démoli en 1789
B. Grande Voirie supprimée en 1715
C Combat d'animaux établi en 1781
D Rue de la Voirie, puis de la Boyauterie
et aujourd'hui de la butte Chaumont
E Rue de l'Hopital S.t Louis.
F Partie de la rue S.t Maur, nommée
aujourd'hui rue des Ecluses S.t Martin
G Moulin démoli.
H Rue S.t Maur.
I Bâtiment des barrières de la Butte
Chaumont a et du Combat b.
J Mur de Paris construit entre 1783 et 1789
K Canal S.t Martin
L Ecluses.
M Rue Claude Villefosse
N Rue Ambroise Paré
O Ancien chemin de Belleville au-
jourd'hui rue de la Chopinette.
P Rue de Meaux, conduisant à
la Voirie actuelle.
Q Ancienne Barrière de Paris.
400 Mètres

www.ingramcontent.com/pod-product-compliance
Ingram Content Group UK Ltd.
Pitfield, Milton Keynes, MK11 3LW, UK
UKHW020325230726
13925UKWH00002B/635